UMA
GRATA
SURPRESA

MARCELO DE PÁDULA

UMA GRATA SURPRESA

Relato racista e autobiográfico
sobre a implantação da heteroidentificação
na Universidade Federal do Rio de Janeiro

Labrador

© Marcelo de Pádula, 2025
Todos os direitos desta edição reservados à Editora Labrador.

Coordenação editorial Pamela J. Oliveira
Assistência editorial Vanessa Nagayoshi, Leticia Oliveira
Projeto gráfico Amanda Chagas
Capa João Schmitt
Diagramação Vinicius Torquato
Preparação de texto Monique Pedra
Revisão Amanda Karine Grossel

Dados Internacionais de Catalogação na Publicação (CIP)
Jéssica de Oliveira Molinari – CRB-8/9852

Pádula, Marcelo de
　Uma grata surpresa : relato racista e autobiográfico sobre a implantação da heteroidentificação na Universidade Federal do Rio de Janeiro / Marcelo de Pádula.
　São Paulo : Labrador, 2025.
　144 p.

　ISBN 978-65-5625-824-9

　1. Racismo 2. Discriminação racial 3. Antirracismo 4. Etnias – Identificação 5. Universidade Federal do Rio de Janeiro I. Título

25-0579   CDD 320.56

Índice para catálogo sistemático:
1. Racismo

Labrador

Diretor-geral Daniel Pinsky
Rua Dr. José Elias, 520, sala 1
Alto da Lapa | 05083-030 | São Paulo | SP
contato@editoralabrador.com.br | (11) 3641-7446
editoralabrador.com.br

A reprodução de qualquer parte desta obra é ilegal e configura uma apropriação indevida dos direitos intelectuais e patrimoniais do autor. A editora não é responsável pelo conteúdo deste livro. O autor conhece os fatos narrados, pelos quais é responsável, assim como se responsabiliza pelos juízos emitidos.

Ao meu inadjetivável filho, Santiago,
senhor do "gostei, mas não quero mais".

PREFÁCIO DE DENISE GÓES

QUAIS EXPERIÊNCIAS DE VIDA LEVAM PESSOAS SEMPRE privilegiadas socialmente — pessoas que nunca enxergaram o racismo cotidiano ao seu redor — a perceberem a sua faceta mais cruel e se tornarem aliadas da luta antirracista?

Este relato é o cerne desta obra narrativa de vida ou experiência de consciência racial que tive a oportunidade de ler. Trata-se de uma leitura afetuosa intitulada *Uma grata surpresa: Relato racista e autobiográfico sobre a implantação da heteroidentificação na Universidade Federal do Rio de Janeiro*. O título entrega ao leitor toda a intenção que percorre o texto, e nada falta a este relato. Atesto como testemunha deste pedaço do tempo em que, ao lado do autor, modelamos a prática da heteroidentificação fortalecendo nossas experiências coletivas na construção de um novo conjunto de códigos sociais e culturais possíveis na universidade. O texto emociona por retratar de forma fidedigna como a formação para atuar nas bancas de heteroidentificação incide positivamente sobre as posturas e comportamentos racistas naturalizados em nossa sociedade.

Marcelo de Pádula é professor titular da Faculdade de Farmácia, ex-gestor da Pró-Reitoria de Graduação, homem branco e de classe média alta. Ele se despe de seus valores eurocêntricos e privilégios associados à pele branca, que o colocam nas melhores condições de vida e de poder na sociedade brasileira, para se posicionar em outro lugar. Nossos encontros de formação e letramento, nossas conversas cotidianas e as demandas de colocar na prática o procedimento de heteroidentificação o convocaram para outras apostas de compreensão do cenário do racismo e suas mais sutis armadilhas para as vidas negras. Mobilizaram-se reflexões e constrangimentos imprescindíveis à quebra do que Cida Bento chamou de "pacto da branquitude".[1] Marcelo de Pádula investiu na quebra desse acordo não verbalizado de autopreservação, dos interesses de perpetuação do poder de pessoas brancas. Uma vez quebrado um pacto secular, não se colam mais suas partes. Enxergou, então, como se deu o começo de tudo, compreendendo as condições subumanas da travessia dos tumbeiros em que a população negra chegou ao Brasil, e que até hoje poucas foram as oportunidades de vida digna para a população negra. Como bom professor, reconhece o poder transformador da educação; ligando pontos, vivendo e dialogando com outras experiências de vida, reconstruiu uma humanidade tirada pelo racismo. Foi interessante observar o seu aprendizado na prática ao

---

1. BENTO, Cida. *O Pacto da Branquitude*. São Paulo: Companhia das Letras, 2022.

lado de militantes do movimento negro, dos coletivos universitários negros e da Câmara de Políticas Raciais.

Este livro traz, em seu bojo, a perspectiva delimitada pelo autor em pontuar categoricamente sua experiência como homem branco à frente da instalação da primeira Comissão de Heteroidentificação da Universidade Federal do Rio de Janeiro (UFRJ) e o quanto isso afetou sua existência. Na leitura deste livro, haverá pessoas que questionarão, por absoluta discordância da importância das políticas de ações afirmativas, o porquê do seu real envolvimento com a pauta racial e seus desdobramentos na compreensão de que se trata de um processo de reparação histórica e igualdade de oportunidades. Outros irão se permitir refletir a partir de uma leitura crítica dessa experiência. E ainda teremos pessoas que, a partir desta imersão na consciência racial proposta por Pádula, se mostrarão favoráveis à luta por um Brasil mais equânime e com justiça social, entendendo todos os privilégios colocados a seu dispor. Como gestor de uma universidade que se encontrava no conforto da reprodução do racismo estrutural e institucional, a descoberta pessoal feita por Pádula nasce do seu envolvimento direto com um dos instrumentos que garantem a implementação e o controle social das políticas públicas de ação afirmativa, do seu afeto e afetação pessoal com as dinâmicas relacionais com grupos dantes invisíveis para ele. A obra não economiza em retratar o quanto essa experiência mobilizou profundamente suas concepções do mundo dos privilégios que sempre o colocaram na dianteira das oportunidades e deslocou seu modo de agir para a linha de frente das pautas que tratavam da exclusão da população negra do acesso ao nível superior. Neste ponto, posso afirmar que o movimento negro fez seu papel educador.

No livro, Pádula traz a narrativa de um encontro dele com seu racismo, um duelo forte em que foi preciso assumi-lo e posteriormente se colocar como indivíduo que constrói outra forma de pensar a sociedade. O autor se mostra sem filtros, em uma retórica do seu começo-meio-começo na prática efetiva de uma confluência que o permitiu se humanizar e se constituir em outra pessoa. E essa transformação o levou a dar um salto na formação, a alimentar sua consciência e se tornar um potencial aliado na luta antirracista dentro e fora da UFRJ. É com alegria e muita satisfação pessoal que abro alas para um livro cuja história é sobre como podemos pensar um futuro mais justo neste país. Cabem todos na luta antirracista.

Denise Góes
é assistente social e mestra em Políticas Públicas em Direitos Humanos (NEPP-DH/UFRJ); militante do Movimento Negro Unificado/RJ; presidente da Comissão de Heteroidentificação do Acesso à Graduação; e superintendente-geral da Superintendência de Ações Afirmativas, Diversidade e Acessibilidade da UFRJ.

PREFÁCIO DE JOAQUIM FERNANDO MENDES DA SILVA

A FERIDA RACIAL ESTRUTURA A SOCIEDADE BRASILEIRA. E, como toda ferida, há duas formas de se lidar com ela: escondê-la e negá-la, como faz a elite branca brasileira, enamorada pelo fascismo e desejosa da manutenção da exploração do povo negro, ou reconhecê-la e trabalhar para a sua cicatrização. Esta última opção, sem dúvida, é dolorosa, já que, como em toda ferida necrosada, é necessário expor o tecido corrompido, arrancá-lo e cuidar do processo regenerativo, até que um novo tecido funcional e sadio seja formado. Esse processo é doloroso, não há anestesia que suprima a dor.

Nesta obra, Marcelo de Pádula expõe como a ferida da segregação racial ainda presente no meio universitário brasileiro foi tratada durante a implantação do processo de heteroidentificação para o acesso à graduação da maior universidade federal do nosso país. Aliando a história à psicanálise, a descrição de uma jornada, ao mesmo tempo pessoal e institucional, nos clama – especialmente a nós, brancos perpetuadores de uma sociedade racista — a expor e tratar essa ferida para a formação de um novo tecido social racialmente justo no Brasil.

Joaquim Fernando Mendes da Silva é professor do Instituto de Química da UFRJ e pesquisa a formação de professores para um ensino de Ciências antirracista e promotor da justiça social.

INTRODUÇÃO

O PRESENTE RELATO PODERÁ SER PERCEBIDO COMO testemunho ou instrumento de registro — pessoal e bastante enviesado — de um movimento que permitiu a implantação do procedimento de heteroidentificação de candidatos que optaram por cotas com recorte racial (pardos e pretos) para ingressar nos cursos de graduação na Universidade Federal do Rio de Janeiro (UFRJ).

Poderá, também, ser percebido como um meio de fazer catarse e, ao mesmo tempo, de servir como agradecimento. O que posso garantir é que serão múltiplas percepções e interpretações, as quais deixo absolutamente livres para que a leitora e o leitor busquem as que melhor lhes aprouverem.

Ainda, encaro como necessidade, desejo e também algo mais forte do que eu. Foi algo inaudito, para o qual nem eu nem os colegas da Pró-Reitoria de Graduação (PR1) da UFRJ estávamos preparados. Os lugares de partida e de chegada — se é que haverá uma algum dia — jamais puderam ser imaginados. Assim, a pressão que se impõe é, por meio deste registro, criar espaço e voz a outros colegas que vivenciaram esse processo, como uma jornada através de vários círculos de um inferno pessoal, o qual foi compartilhado com muitos Virgílios, de todas as cores.

Este será, como previ, um relato em primeira pessoa: altamente subjetivo, pessoal e enviesado. Apesar do medo que possa estar sentindo em me arvorar em fazer semelhante exercício, fora de qualquer lugar de fala, penso que o medo não deva ser paralisante, mas motor para que os lugares de antes e de hoje possam ser mostrados, junto à certeza de que os de hoje não serão os últimos.

De fato, previno a leitora e o leitor incautos que este livro tratará de um absoluto e controverso relato subjetivo e de algumas reflexões; não servirá como livro de autoajuda, de receituário para qualquer tipo de higiene anímica, ablução ou rito purificador para brancos racistas arrependidos buscando redenção. Este livro não livra.

Se tudo pode parecer nebuloso até agora, isso se deve, em boa parte, ao meu grande diletantismo pela psicanálise, particularmente à minha adesão à associação livre, instrumento de deslizamento de discurso altamente profícuo para o que estou me propondo a fazer por meio destas palavras.

Assim, de forma menos nebulosa, faço um breve intervalo e retrocedo para situar a leitora e o leitor no tempo, espaço e contexto das tensões que se impuseram nos idos de julho de 2019.

Da Conferência de Durban de 2001 à Lei 12.711 de 2012 e às fraudes

PASSARAM-SE MUITOS ANOS ATÉ QUE, EM 2001, na Conferência Mundial de Combate ao Racismo, Discriminação Racial, Xenofobia e Intolerância Correlata, em Durban, África do Sul, o Estado brasileiro finalmente reconheceu sua responsabilidade e a imperativa necessidade da adoção de medidas que pudessem no mínimo atenuar as consequências deletérias do racismo em nossas terras.

Apesar de os movimentos sociais negros antirracistas já existirem e há muito defenderem veementemente Políticas de Ações Afirmativas (PAA) que visassem estratégias contra os efeitos do racismo no Brasil, foi somente a partir da Conferência de Durban que as discussões sobre as PAA começaram a crescer e aparecer.

No âmbito das Instituições de Ensino Superior (IES), as ações afirmativas culminaram em cotas, ou melhor, na reserva de vagas para negros e indígenas que ingressassem nos cursos de graduação das instituições. Em algumas delas, isso ocorreu de forma espontânea, por meio de discussões internas e decisões amparadas pela autonomia universitária, enquanto, em outras, apenas de forma compulsória e mais tardiamente.

Já em 2002, tanto no estado do Paraná quanto no do Rio de Janeiro, pudemos observar iniciativas de universidades adotando cotas para indígenas e negros. No Rio de Janeiro, foi a Universidade do Estado do Rio de Janeiro a pioneira.

Apesar das discussões acaloradas e frequentes acerca da adoção de cotas raciais no Conselho Universitário (Consuni) da UFRJ, a efetiva implantação só se deu, de forma compulsória, mais de dez anos após nossa pioneira estadual.

Assim, a UFRJ passou a adotar cotas em 2013, após a aprovação da Lei das Cotas, que determinou a obrigatoriedade da reserva de 50% de todas as vagas nas instituições federais de ensino para estudantes egressos de escolas públicas, com renda per capita igual ou inferior a um salário-mínimo e meio, e autodeclarados pretos, pardos ou indígenas (Lei nº 12.711, de 29 de agosto de 2012).[2]

Como irão notar, a Lei 12.711/2012 define um termo responsável por uma enorme polêmica, crises e denúncias que, entre outros, patrocinarão a quase integralidade das páginas que se seguirão. O termo é autodeclaração. Os estudantes egressos de escolas públicas que se autodeclarassem pretos, pardos ou

---

2. BRASIL. Lei nº 12.711, de 29 de agosto de 2012. Dispõe sobre o ingresso nas universidades federais e nas instituições federais de ensino técnico de nível médio e dá outras providências. *Diário Oficial da União*, Brasília, DF, 30 ago. 2012. Disponível em: https://www.planalto.gov.br/ccivil_03/_ato2011-2014/2012/lei/l12711.htm. Acessado em: 14 dez. 2024.

indígenas fariam jus à reserva de cota racial, sem qualquer necessidade de confirmação ou verificação de suas autodeclarações. Obviamente, a leitora e o leitor já estão imaginando o que viria a acontecer. Sim, um número considerável de candidatos que se autodeclaravam pardos ou pretos não parecia ter, de fato, qualquer signo ou aparência negroide que justificasse seu pleito à cota. Em outras palavras, a Lei 12.711/2012 deixou uma brecha importante para que alguns candidatos pudessem ingressar nas Instituições Federais de Ensino Superior (IFES) sem que fossem pretos ou pardos. Nasciam, então, as primeiras denúncias de fraudes às cotas raciais.

As denúncias começaram a se acumular, até que, em 2019, um compromisso se impôs, como veremos a seguir.

Que comece a gestão de Denise Pires de Carvalho!

NO SEGUNDO SEMESTRE DE 2019, INICIAVA-SE A GESTÃO da Reitoria conduzida pela primeira reitora mulher da UFRJ, professora Denise Pires de Carvalho, acostada pelo vice-reitor, professor Carlos Frederico Leão Rocha (Fred).

No rol de projetos e políticas da plataforma de Denise e Fred estava prevista especial atenção ao conjunto de denúncias que se avolumava no âmbito da UFRJ, dirigidas à sua Ouvidoria Geral, bem como advindas dos movimentos negros e, inclusive, de Notícias de Fato, que chegavam por parte do Ministério Público Federal (MPF). Eram denúncias que partiam da sociedade como um todo, com vasto conteúdo de indignação. Tratava-se de denúncias sobre o sistema de cotas raciais, relativas a supostas fraudes, muitas das quais seriam confirmadas posteriormente.

Até então, os editais de acesso aos cursos de graduação da UFRJ previam que os estudantes egressos de escolas públicas que desejassem concorrer às cotas com recorte racial deveriam, apenas, informar sua condição de pardo ou preto por meio de autodeclarações. Ora, se este era o único critério para dar acesso a essas vagas, como garantir que, de fato, todas as autodeclarações seriam idôneas? Sim, em que pesem alguns casos extremamente delicados e limítrofes, com total ausência de má-fé por parte dos candidatos, verificamos um número considerável de candidatos que se locupletaram do único instrumento de autodeclaração para fazer jus, indevidamente, a vagas com recorte racial, sem guardarem qualquer tipo de fenótipo negroide. Ou seja, não eram pardos ou pretos.

Diante de um número de denúncias que beirava os seiscentos, Denise e Fred assumiram o compromisso de garantir um mecanismo de confirmação dessas autodeclarações. Certamente, as tensões eram muitas, e ressalto o papel fundamental da Câmara de Políticas Raciais da UFRJ, bem como dos movimentos negros em sensibilizar, à época, a administração central da UFRJ da imperativa necessidade de atuar a fim de mitigar e evitar fraudes às cotas raciais.

Àquela época eu não tinha a menor ideia — e provavelmente jamais terei — do que se desenhava das centenas de anos que estavam se atualizando nos movimentos dos corpos negros da UFRJ. Apenas imaginava que algo de novo ia ser introduzido nas etapas do acesso à graduação. Sem dúvida, muitas montanhas foram movidas para que o espaço da heteroidentificação fosse criado e as gargantas pudessem respirar algum ar.

Essa luta foi longa e dura. Ainda havia um contingente expressivo do movimento negro na UFRJ que entendia impertinente, e até mesmo racista, a imposição de um olhar externo para ratificar a condição de preto ou pardo. Portanto, ninguém mais do que o próprio sujeito poderia ser aquele que se definiria, sem que outro o determinasse.

Difícil, sobretudo para um branco como eu, absolutamente imerso e inconsciente em meu racismo estrutural e estruturante, entender qualquer uma dessas posições.

De fato, viviam-se os estertores. Se de um lado o movimento negro testemunhava centenas de candidatos usurparem vagas de pardos e pretos, e revivia sentimentos centenários de indignação, raiva e injustiça, de outro lado havia um receio de se adotar um procedimento de heteroidentificação arriscadamente perigoso e criticável, pois poderia colocar corpos negros, mais uma vez, no alvo dos brancos.

Agora, você que é branca ou branco também, e está entendendo pouco ou nada, deve se perguntar: Que raios é heteroidentificação?

Uma breve busca em qualquer browser na internet revelará que a palavra heteroidentificação possui um prefixo cuja origem vem do idioma grego, *heteros*, que significa outro. Dessa forma, heteroidentificação trata-se da identificação de alguém que é feita por outro. Assim, nesse processo, cabe a um outro, ou grupo de outros, a identificação, em oposição à autoidentificação, como na autodeclaração.

Agora, você que é negra ou negro, e está se perguntando por que aguentou ler estas palavras escritas por um branco e ainda não rasgou este livro, saiba que isto tudo vai piorar ainda mais. Muito mais.

Sim, algumas perguntas devem estar surgindo na cabeça de muitas pessoas negras que suportaram essas poucas páginas. Quem esse branco pensa que é? Que lugar de fala ele possui para falar de heteroidentificação na UFRJ? Meus Deus, é a Denise Góes que eu conheço que escreveu este prefácio? Que loucura é essa?

Para começo de conversa, nem sei se Denise Góes terá aceitado escrever alguma coisa sobre mim ou sobre este texto, mas tenho certeza de que terá sido a primeira pessoa a ler este manuscrito. E, como episcopisa absoluta da luta antirracista na UFRJ, terá o direito de rasgar se assim o desejar. Só sei que, se chegar a outros olhos, além dos nossos, é porque algo realmente terá tido lugar. Do lugar, falarei ao final, só no final.

Voltando à loucura, sim, apresento-lhes a maior delas: o presidente da primeira Comissão de Heteroidentificação para referendar as autodeclarações de candidatos às vagas com recorte racial do acesso à graduação da UFRJ foi um branco. Este que vos escreve.

Se este livro ainda não atravessou alguma janela aberta, pretendo dar, retrospectivamente, algum sentido a esta insanidade.

Retrocedamos. Pouco depois do resultado da consulta interna para Reitoria, por volta do mês de abril de 2019, fui convidado pela reitora eleita, professora Denise Pires de Carvalho, e pela professora Gisele Viana Pires, quem então assumiria a Pró-Reitoria de Graduação, para ocupar o cargo de superintendente-geral de graduação. Prontamente, aceitei o convite, sem ter a menor ideia do que me aguardava.

Logo na primeira semana de julho de 2019, após a posse da nova Reitoria e nomeação das diversas superintendências, centenas de denúncias de fraudes às cotas raciais começaram a chegar no âmbito da Pró-Reitoria de Graduação.

Porém, para entendermos esse início de gestão, os processos que ali estavam acontecendo e como eu acabei "aceitando" ficar como presidente da Comissão de Heteroidentificação do Acesso à Graduação, precisaremos retroceder um pouco mais, bem mais.

Racismo se aprende em casa?

NAQUELE ANO, NO MÊS DE JUNHO, A SELEÇÃO BRASILEIRA de futebol conquistaria o tricampeonato mundial no México. Poucos meses antes, mais precisamente no dia 6 de março, dona Francisca dava à luz este que vos escreve, filho também do seu Brazil (sim, primeiro nome Brazil, e com "z"), no bairro da Glória, na então Beneficência Portuguesa.

Pais brancos trouxeram ao mundo um filho branco, com requintes de recombinação homóloga de DNA que garantiram a absoluta supressão de qualquer caráter fenotípico indígena. A ascendência materna possuía representantes indígenas amazônicos. Mas a pinta de gringo predominou.

De fato, minha chegada ao mundo veio também acompanhada de outros requintes e contextos absolutamente comuns e esperados para a época, sobretudo naqueles tempos de regime totalitário, machismo e racismo absolutos reinantes.

Certamente, eu não era consciente para descrever quaisquer lembranças daquele primeiro ano de vida, as quais me foram sendo contadas paulatinamente. Naqueles tempos, era mais do que comum a mãe de primeira viagem deixar de trabalhar para a dedicação exclusiva à maternidade, enquanto o pai, provedor, saía à caça do sustento. Também era bastante comum que essa maternidade fosse auxiliada, em particular, pelas eufemisticamente constituídas empregadas domésticas.

Ao chegar da maternidade, dona Lourdes já aguardava dona Francisca e seu filho. Na verdade, Lourdes já havia sido contratada alguns meses antes, para a preparação do iminente aumento da família.

Lourdes era uma mulher negra, preta retinta, alta, deveria ter por volta de seus trinta anos, e não havia sido alfabetizada, como os 50% da população brasileira negra de sua geração.

Cresci ouvindo adjetivos amplamente discutidos e debatidos por Frantz Fanon (1925-1961), que não eram restritos aos martinicanos ou aos colonizadores franceses. No âmbito familiar, na rua, no colégio, em todos os lugares comentavam ao ver a empregada, de mãos dadas, caminhando com o pequeno Marcelo. Lourdes era tida como uma negra com traços finos, uma branca de pele preta. Tinha os cabelos pretos, cacheados, impecavelmente penteados. Mais tarde, eu descobriria que Lourdes raspava seus cabelos para usar sua exuberante peruca. Assim, era mais fácil esconder seus cabelos crespos e exibir cabelos lisos, a exemplo dos martinicanos de Fanon, que necessitavam aproximar seus fenótipos da branquitude para facilitar a aceitação em seus empregos.[3]

---

3. FANON, Frantz. *Pele negra, máscaras brancas*. Tradução de Renato da Silveira. Salvador: EDUFBA, 2008.

No começo, minha mãe dizia que Lourdes tinha a mão pesada, bruta, mas que estava aprendendo. Mais tarde, passou a ser elogiada com a mais célebre de todas as falas: "Uma negra de alma branca". Ouvi, cotidianamente, semelhantes pérolas e comentários, sem jamais questionar nada, dado o universo em que estava submerso e a total impossibilidade de Lourdes, ou qualquer uma das demais Lourdes de Copacabana, reagir a qualquer um deles.

Lourdes se tornou a verdadeira personagem da vida real de todas as novelas que retratavam a escravidão, tanto as de época como as contemporâneas, já que os "modernos" prédios da zona sul do Rio de Janeiro foram concebidos pensando na absoluta necessidade da manutenção da senzala em forma de quarto de empregada.

Lourdes fazia questão de ir e voltar para casa todos os dias. Em seu quarto mal cabia uma poltrona. Impossível. Era moradora do Cubango, no município de São Gonçalo. Não se atrasava, era indefectível, imprescindível; todos em casa chamavam por seu nome, o dia todo: "Lourdes, Lourdis, Loudis", com todas as formas e fonemas. Ela não parava um segundo, acudia a todos, a todo momento.

Acredito que, apesar desta relação surreal — e amplamente difundida até os dias de hoje —, algo inusitado poderia acabar acontecendo. Não estou tratando do fenômeno de "integração" pelo qual as empregadas domésticas pretas passavam ao serem consideradas "da família", concretizando, na verdade, um fenômeno da escravidão familiar. O que darei aqui como exemplo pessoal teve desdobramentos até minha vida adulta, sendo, amiúde, objeto de discussões familiares e muitos ciúmes.

Como havia comentado, Lourdes já esperava mãe e filho que chegavam da maternidade, com a casa devidamente preparada. Em uma das primeiras trocas de fraldas, auxiliando dona Francisca, Lourdes reparou, na perna esquerda de Marcelo, na parte interna da batata da perna, uma marca de nascença, uma mancha na pele com formato semelhante a uma mão fechada e dedo indicador apontando para baixo, na direção do pé. Ainda que a mãe de Marcelo comentasse que essa mancha sairia com os anos, segundo o pediatra, Lourdes se abaixou e mostrou em sua própria perna esquerda, na mesma altura, uma marca de nascença e retrucou: "A minha está até hoje". Lourdes tinha uma mancha na pele de quase mesmo formato. As manchas de Marcelo e Lourdes foram assunto por anos a fio, mas outro episódio curioso também se somou a essa coincidente marca. Pudemos comemorar muitos aniversários juntos pela proximidade das datas. Lourdes era do dia 5 e eu do dia 6 de março.

Ela sempre foi evocada, invocada, demandada a todo tempo por todos, do momento em que chegava ao momento em que saía. E assim também fora comigo. Por volta de meus dois anos, para desgosto total de familiares e amigos, minha primeira palavra pronunciada foi: "Gigi". Não somente me dirigi com minha primeira palavra à Lourdes, como cunhei, por meio de meus próprios fonemas, o que se tornaria o novo nome de Lourdes. Daquele dia em diante, todos, inclusive familiares de Lourdes, adotariam Gigi. Ainda, para tornar o cenário mais complexo, eu também me servia do nome Gigi, no começo, para me dirigir à minha mãe branca. E assim, por muitas vezes, a coisa ficou *preta* para dona Francisca. Gigi esteve conosco por quase vinte anos, adoeceu do coração e nos deixou. Resumo assim, pois não foi fácil retroceder até aqui. Necessário, mas difícil. A marca em minha perna não sumiu, nem Gigi.

Essas poucas linhas iniciais dedicadas à Gigi, hoje, trazem um sentimento inusitado, paradoxal e também injustificável. Em meio ao mundo absurdo em que fui concebido e forjado, como mais um branco entre brancos, repetidor da branquitude, em meio a todos os requintes, privilégios e benesses do mundo totalitário, machista e onipresentemente racista, me vi e me declarei, durante a maior parte de minha vida, como um não racista, assim como todos os demais brancos que sempre viveram — e muitos continuarão vivendo — no eterno mundo branco dos eufemismos igualitários.

Acredito que minha história com Gigi, de forma última, possa se enquadrar como mais um de vários clichês. Ele não resolve nada, não traz solução, mas denuncia o surreal e o possível, sui generis e paradoxal. Para mim, branco, um testemunho útil para me alforriar do racismo. Para Gigi, preta retinta, mais um testemunho silencioso, não por sua culpa, mas pela absoluta capacidade de amar e cuidar, mesmo quando não podia ocupar esse lugar de direito.

De bom tamanho por enquanto. É como considero minha utilitária construção histórico-familiar que serviu durante muitas décadas para patrocinar meu discurso de não racista. Sem dúvida, ela garantiu um absoluto recalcamento, uma total ausência de questionamentos próprios ou mesmo de ambiente social em que o racismo fosse eventualmente evocado ou discutido. A máxima de um país miscigenado e igualitário era a premissa válida em qualquer lugar, a qualquer momento.

Racismo se desaprende?

VIVI MUITAS BRANCAS PRIMAVERAS UTÓPICAS E NÃO racistas até que, em um belo dia, um soco no estômago e consequente enjoo ocorreram na forma do curso de capacitação em heteroidentificação. Este curso, bem como todas as edições que se sucederam, foi ministrado por uma equipe de professores e convidados da Câmara de Políticas Raciais da UFRJ.

Destaca-se o grupo de historiadores, militantes do movimento negro, artistas, procuradores do Ministério Público, entre outros. O curso jamais se limitou ao tecnicismo ou a simplesmente ensinar a heteroidentificar. Foi e está concebido para dar a verdadeira dimensão do processo de construção histórica do racismo, da dominação de corpos, da desigualdade, tanto no Brasil como no mundo. Além das aulas expositivas, dinâmicas de grupo, rodas de conversas com especialistas, entre outros, havia as práticas que simulavam o procedimento de heteroidentificação propriamente dito, com voluntários, de diversos fenótipos, que eram objeto dos exercícios. As aulas e dinâmicas eram semanais, presenciais, ao longo da tarde, perfazendo o total de sessenta horas.

Da PR1, éramos cursistas: a pró-reitora Gisele Pires, eu, Daniela Negreiros, Ricardo Anaya, Vânia Maria

Corrêa da Costa (estes três superintendentes também), Bruno de Paula e Joaquim Mendes (assessores). Todos brancos, à exceção de Daniela, que foi, a posteriori, heteroidentificada como parda.

Ora, e o soco e o enjoo? Eles ocorreram, em sequência, logo na primeira aula. Em uma roda de conversa inicial, todos os cursistas e professores/mediadores se apresentavam e falavam um pouco de sua trajetória de vida. Em seguida, uma dinâmica de grupo que abordava vantagens e privilégios foi aplicada. Os cursistas eram alinhados, lado a lado, e, à medida que perguntas sobre a vida e condições de existência eram feitas, os membros avançavam ou retrocediam passos. Ao final, evidentemente, observava-se óbvia e absoluta vantagem dos cursistas brancos em detrimento dos pardos e pretos que, em muitos casos, não avançaram nenhum passo, mas apenas retrocederam.

A discussão da dinâmica foi absolutamente tensa, com ânimos e emoções à flor da pele.

Em um dado momento, uma das cursistas, também branca, mas militante engajada há bastante tempo na luta antirracista, se dirigiu a mim com a seguinte pergunta: "Você já se questionou alguma vez, ou mesmo já se deu conta do universo de privilégios que possui como branco racista?".

Se a pergunta não foi exatamente essa, foram, basicamente, esses questionamentos que eu tentei responder, mas agora sem nenhuma esperança de parecer não racista. Naquele momento, o ar podia ser cortado com uma faca, e o ambiente era virtualmente voltado para uma espécie de choque de ordem, um momento no qual nenhum branco ficaria sem a inequívoca percepção da bolha em que sempre viveu e o correspondente universo de privilégios alienantes e eminentemente reprodutor de um racismo centenário.

Bem verdade, minha resposta teve mais cunho confessional do que qualquer outra coisa ou mesmo qualquer tentativa de me justificar como um branco racista não racista. Entretanto, tive ainda a coragem de relatar o único episódio de minha vida em que percebi, ainda que indiretamente, uma manifestação de racismo contra mim, mas na verdade foi contra a nação brasileira como um todo.

Há cerca de quase trinta anos, em minha primeira incursão acadêmica no Velho Mundo, mais precisamente no Instituto Gustave Roussy, na França, testemunhei o único comentário racista dirigido à minha pessoa, cujo endereçamento verdadeiro tinha como objetivo real a nação brasileira. Horas após o desembarque no aeroporto Charles de Gaulle, fui conduzido pela querida e inesquecível Claudine D´Herin ao laboratório onde desenvolveria meu doutorado sanduíche. O frio congelante do mês de janeiro fez com que eu buscasse a porta de entrada com relativa pressa e, ao me deparar com uma pesquisadora cujo nome manterei preservado, fui interpelado com uma efusiva manifestação, logo após ser apresentado a ela por Claudine: *"Mais il n'est pas noire! Comment peut-il être brésilien!!??"* ["Mas ele não é negro! Como pode ser brasileiro!!??", em português]. Sem mesmo um *bonjour*, típico na região parisiense, sem qualquer intenção de acolhimento, foi assim que aquela senhora se dirigiu a mim. Como um brasileiro poderia ser branco, ou melhor, não negro? Não seriam todos negros? Na verdade, ela não se conteve e continuou, afirmando que, de todas as formas, um falso brasileiro tampouco poderia ser considerado como um deles, um europeu. Na tradução livre: "Você nunca será um de nós". Bom, entre racismos e xenofobias, esse foi o saldo de meu primeiro dia ultramar.

Porém, ainda que inesquecível, foi o único que ocorreu em toda a minha vida, o que reiterou o soco no estômago e o enjoo iniciados na primeira aula do curso de capacitação em heteroidentificação. Naquele momento, na aula, ao recordar e relatar meu único episódio de racismo xenofóbico, pude ter uma pequena ideia do que seria vivenciar isso todos os dias ao longo de uma vida inteira.

A primeira aula foi um processo de sensibilização a fórceps. Alguns colegas da Pró-Reitoria de Graduação foram às lágrimas. Tanto por conta de memórias próprias como por conta de relatos envolvendo seus entornos familiares. Ainda que o ar tivesse ficado mais leve ao final da aula, a sensação geral que tive é que o meu enjoo, assim como o dos demais brancos, começava a se transformar em um medo constrangido. Em outras palavras: o que estamos fazendo aqui? Seremos trucidados? Em verdade, boa parte do constrangimento se transformaria em consciência, ainda que tardia, de cada racismo individual e de seu respectivo papel na constituição e manutenção do racismo estrutural e institucional de onde nos encontrávamos.

Porém, esse processo não se concluiu ao final do curso, tampouco se deu com todos os brancos que ali estavam. Muitos desapareceram depois de algumas aulas. Acredito que o desaparecimento se deu pelo medo. Não somente pelo medo de se defrontar consigo mesmo, mas também pelo medo de não conseguir vivenciar todo o processo até o final sem ver uma possível luz ao fim do túnel, que prenunciasse uma mínima boa convivência com os membros da Câmara de Políticas Raciais, com os docentes e militantes antirracistas. Tudo era muito intenso, e a cada encontro mais evidente ficava a ignorância (ou mesmo resistência) dos brancos cursistas e a paulatina denúncia de seus papéis patrocinadores de racismo.

As aulas e palestras eram sempre muito pertinentes e recheadas de conteúdos históricos, muitos deles omitidos, tergiversados e atenuados quando nos foram transmitidos na infância. A história da escravidão e do racismo brasileiro estava sendo contada pela primeira vez para muitos de nós.

De maneira inacreditável, ainda era possível ouvir, entre os brancos cursistas, comentários do tipo: "Não é bem assim", entre outros. Imagino que esses esforços para atenuar o inefável e talvez se colocar ao abrigo do alvo de racista eram estratégias defensivas, mas pouco adiantavam para diminuir as tensões e constrangimentos.

    O curso acusou a intolerância e indignação de alguns brancos que ainda se negavam a admitir o país como uma nação racista, bem como o seu próprio racismo. Confesso, também, que minha maior percepção era a do medo entre os brancos. Como seria possível, diante daquele processo de reeducação, sobreviver ao próprio racismo denunciado. Em meio às tensões, o curso avançou. Ao final, chegou a tão aguardada atividade prática, na qual voluntários brancos, pretos e pardos eram heteroidentificados pelos cursistas.

Um concurso dentro de um concurso

O PROCEDIMENTO DE HETEROIDENTIFICAÇÃO possibilita que uma banca, devidamente capacitada pelo curso de formação em heteroidentificação, formada por até cinco membros, observe por tempo necessário determinado candidato e possa identificar ou não as características fenotípicas negroides necessárias para que ele faça jus à vaga pleiteada.

No caso da graduação, são os candidatos aprovados no Sistema de Seleção Unificada (SiSU) que pleiteavam vaga para um dos cursos na UFRJ com recorte de reserva de cota racial.

Vale ressaltar que, até o momento, no caso dos candidatos que se autodeclaram indígenas, não há procedimento de heteroidentificação previsto. Os editais da PR1 preveem que esses candidatos devem apenas apresentar documentação que ateste a condição de indígena, na forma do Registro Administrativo de Nascimento Indígena (RANI).

A composição das bancas deve respeitar a diversidade de gênero e raça a fim de mimetizar, no momento em que o candidato se apresenta, a visão da sociedade, validando ou não a autodeclaração do candidato. O objetivo do procedimento é tão somente confirmar a autodeclaração do candidato, preto ou pardo, sem qualquer condão de se determinar a qual raça o candidato pertence. Além disso, para o acesso aos cursos de graduação na UFRJ, as bancas são compostas por membros pertencentes aos três segmentos da universidade: discentes, docentes e técnicos administrativos.

Tecnicamente, o procedimento prevê que o candidato, convocado em dia e hora específicos, apresente-se presencialmente a uma banca que se encontra sentada, munido de um formulário que o identifica e que deve ser preenchido com as razões do candidato que motivam a sua autodeclaração como preto ou pardo.

A banca, por sua vez, apresenta-se ao candidato e um de seus membros faz a leitura de um documento explicativo que situa o procedimento de heteroidentificação como uma das etapas eliminatórias do processo de acesso à graduação. Este documento faz alusão à Lei 12.711/2012, bem como à portaria interna que nomeou os membros da banca, ora designada, para tal finalidade.

Em seguida, o candidato é convidado a passar à leitura de seu formulário de autodeclaração para a banca enquanto é filmado com uma câmera. Tal filmagem é recomendada para fins de registro, uma vez que o procedimento de heteroidentificação deve se dar e se fazer valer no momento no qual o candidato se apresenta, não sendo considerados documentos pretéritos, fotos próprias ou de familiares, certidões de nascimento ou equivalentes que atestem a cor ou raça do candidato, mas tão somente as características fenotípicas daquele que se apresenta.

Reitero aqui um dos conceitos mais abordados no curso de formação: o racismo brasileiro é o de marca, fenotípico, e não se relaciona com os aspectos genético-hereditários como em outras partes do mundo. Particularmente, em oposição, o racismo estadunidense é fortemente marcado pela questão hereditária, sendo o fenótipo de muito menor importância. Dessa forma, apenas as características fenotípicas negroides, no momento do procedimento, é que são levadas em conta na heteroidentificação. Assim, depreende-se que a leitura da autodeclaração do candidato visa, prioritariamente, conferir tempo para que os membros da banca possam observar as características fenotípicas do candidato.

Findada a leitura da autodeclaração do candidato, a banca interrompe a gravação, retém seu formulário e o convida a se retirar para que aguarde seu resultado em local apropriado. Os membros então discutem, reservadamente, sobre as observações e preenchem um formulário específico, atestando ou não a condição de apto à vaga pleiteada. No caso de o candidato ser considerado não apto, uma justificativa é redigida com os motivadores do indeferimento. Todos os membros assinam o formulário se identificando.

Em seguida, um servidor da PR1 recebe os resultados e convoca, individualmente, cada candidato para informar o resultado. No caso da confirmação da autodeclaração, há apenas a orientação para que o candidato apto dê sequência aos procedimentos remanescentes de confirmação de matrícula.

Por outro lado, no caso de o candidato ter sido considerado não apto, há previsão editalícia de recurso. O candidato que foi ora considerado não apto pode solicitar recurso a uma banca recursal, composta por membros distintos da primeira banca. Neste caso, o candidato preenche nova autodeclaração na qual expõe os motivos pelos quais discorda do primeiro parecer de indeferimento.

Assim, no mesmo dia em que se apresentou e obteve o indeferimento, o candidato pode recorrer ao novo procedimento. Basicamente, o processo adotado pela banca recursal é o mesmo da primeira heteroidentificação e visa diminuir eventuais vieses interpretativos da primeira avaliação. Esta banca recursal pode manter ou reverter o parecer de indeferimento da primeira banca, não restando mais instâncias recursais administrativas de acordo com editais praticados.

O resultado final, após a deliberação da banca recursal, somente é divulgado por meio digital, após publicação da PR1 em sua página digital oficial. Em que pese o sentimento de angústia do candidato, que deve aguardar um ou dois dias para ter seu resultado final, essa estratégia conseguiu atenuar ânimos de indignação e de quase violência de alguns candidatos quando do resultado de duplo indeferimento divulgado no mesmo dia. Membros das bancas eram interpelados e, muitas vezes, assediados por candidatos, familiares, advogados, entre outros acompanhantes. Tais tensões serão oportunamente tratadas.

A curiosidade do leitor deve estar aguçada. Mas como se heteroidentifica alguém? Não tenho qualquer ambição em traçar um manual ou tutorial de heteroidentificação aqui, mas existem critérios básicos, que são incontornáveis, a serem observados em conjunto.

Ressalto-os, em conjunto, pois foram raros os casos em que apenas uma característica foi determinante para uma heteroidentificação. Consideramos a cor da pele, a conformação dos cabelos, o formato do nariz e dos lábios, a distribuição de pigmentação nas mãos, entre outras características. Sem dúvida, nenhuma delas deve ser considerada isoladamente, sobretudo para os casos de indeferimento.

Porém, a grande questão que se apresenta não é relativa aos candidatos pretos, mas aos candidatos pardos. A dificuldade se impõe diante do infinito espectro de pardos, no qual os principais aspectos fenotípicos se encontram atenuados em relação aos pretos, mas que não devem ser desconsiderados. Talvez esse seja o maior desafio para os heteroidentificadores e a questão central dos indeferimentos.

Qual limite para o negro pardo não sofrer racismo? Para mim, a questão é extremamente complexa e está longe de obter fáceis consensos. Particularmente, quando me deparei com casos ditos limítrofes em procedimentos de heteroidentificação, fui construindo, lentamente, um processo interno de visualização de cenários e imagens que tendem a culminar com um sistema de fluxos, direções e sentidos. Ou seja, saber se um pardo sofre ou não racismo é ativar cenas e memórias vivas de meu próprio racismo e imaginar se ele eventualmente participaria de meu cenário ou imagem como um igual ou se, de fato, pertenceria a outro fluxo, direção e sentido, distintos do meu, da branquitude. Certamente, estas reflexões serão mais bem tratadas e explicadas adiante, quando instigarei brancos para a realização de um curso de capacitação em heteroidentificação. Se aqui o termo subjetividade se faz notar, ele foi e é o cerne de muitas ações judiciais de candidatos não aptos contra a UFRJ, que também serão tratadas mais adiante.

Ora, a leitora e o leitor foram, com algumas breves pinceladas, catapultados a um universo de tensões. As do curso de formação, as do procedimento de heteroidentificação propriamente dito e as da indignação dos candidatos considerados não aptos. Porém, voltemos a uma das piores. A da presidência da Comissão de Heteroidentificação.

Ao final do ano de 2019, o curso de capacitação em heteroidentificação acabava sem maiores baixas. Agora era implantar o procedimento. Até então, os membros da PR1 que realizaram o curso deveriam, apenas, estar familiarizados com a demanda e participar dos procedimentos administrativos envolvidos na implantação do procedimento. Para tal, a PR1 deveria encaixar as convocações de candidatos antes da efetivação de suas matrículas, assegurando que todo candidato autodeclarado preto ou pardo só tivesse a matrícula confirmada após ter sido considerado apto pela banca de heteroidentificação.

Ainda que minha versão da história seja objeto de críticas e indignação, ou considerada eivada da mais profunda felonia, o entendimento geral à época era o de que a presidência da Comissão de Heteroidentificação, a qual organizaria as bancas de heteroidentificação, ficaria a cargo da pró-reitora de graduação. Tal designação seria feita por parte de Denise (reitora), por meio de uma portaria de seu Gabinete, a qual também serviria para designar todos os membros, discentes, docentes e técnicos administrativos que, pela primeira vez no ano de 2020, iriam atuar como banca nas chamadas convocatórias dos candidatos.

Ledo engano, ou melhor, medo engano. Em uma segunda-feira, já não me recordo se de janeiro ou fevereiro de 2020, fui surpreendido com a notícia de que a presidência da Comissão de Heteroidentificação seria do superintendente-geral de graduação, uma vez que Denise (reitora) e Gisele (pró-reitora de graduação) haviam ponderado em reunião de equipe sobre a real possibilidade de acumularem essa presidência com suas demais atribuições de cargo.

Ainda que tivesse questionado tal entendimento e determinação da hierarquia superior com certa indignação, o que não era compatível com o cargo de confiança que ocupava, notei que minhas diversas percepções sobre medo se confirmavam com a mais absoluta clareza. Em bom português: em uma administração eminentemente branca, quem iria segurar esse rabo de foguete ao mesmo tempo que não poderia delegar totalmente uma etapa formal do acesso à graduação da UFRJ à Câmara de Políticas Raciais sem qualquer tipo de controle e/ou monitoramento do processo?

E a pergunta que não quer calar: não havia servidor negro na PR1 que pudesse assumir a presidência da comissão? A resposta? Deixo a leitora e o leitor livres para interpretar suas múltiplas considerações, como lhes melhor aprouver.

Faltavam poucas semanas para o início do processo do acesso à graduação e a batata quente não pulava para outras mãos.

A primeira reunião da Comissão de Heteroidentificação foi, no mínimo, sui generis. Estávamos reunidos no auditório Pangeia, no Centro de Ciências Matemáticas e da Terra. Na mesa principal, pró-reitora de graduação, Denise Góes e eu, para que fosse anunciado como presidente da primeira Comissão de Heteroidentificação para o concurso de acesso à graduação da UFRJ. A plateia era constituída de todos os membros da Câmara de Políticas Raciais, bem como militantes e membros dos coletivos negros da UFRJ e demais integrantes portariados da comissão que ora se encontrava sob minha presidência. Pangeia se prestava bem como a alegoria que retratava a dimensão do que estava colocado. Diante do branco **imposto(r)**, o que se anunciava era um inevitável terremoto que separaria um único continente em vários pulverizados, sob uma expectativa frustrada de avanços, quando milhões de anos de racismo paleozoico ali se perpetuavam.

Mesmo que a pró-reitora expusesse as razões administrativas que justificavam minha presença ali, os olhares fulminantes eram totalmente justificáveis, e o ar passava a ter espessura ainda mais densa do que a do primeiro dia de aula do curso de capacitação. Em outras palavras: ninguém da PR1 aprendera nada. A única fala feliz, se é que algo de feliz ocorreu naquele momento, foi a de Denise Góes. Com delicadeza, mas com uma voz crocitante, foi capaz de endossar a fala da pró-reitora, fazendo com que os olhares fulminantes, por alguns momentos, pudessem ser apaziguados.

Hoje tenho uma aposta para justificar a fala apaziguadora e diplomática de Denise Góes naquele momento tão tenso e surreal. Algo inédito, ainda que diminuto, havia acontecido. Uma batalha estava sendo vencida, em uma guerra centenária, com muitas baixas. Ter, pela primeira vez, respaldo para que uma comissão de heteroidentificação pudesse finalmente dar lugar a quem de direito era quase inimaginável. Não se podia perder esse momento, essa conquista. Depois, era só se livrar do Marcelo. Havia muito mais em jogo. Há muito mais em jogo.

A sensação de "porta do inferno" de Rodin se abrindo diante de mim foi quase que cotidiana ao longo dos meses que se seguiram. Certamente, não foi diferente do ponto de vista dos membros da comissão. Foram diversos círculos infernais atravessados. Entre eles, um séquito de almas penadas insufladoras que diuturnamente sopravam ventos desidratantes, com o claro objetivo de desgastar o que já havia começado roto. Confesso que infinitas vezes solicitei minha substituição, o que jamais aconteceu. As labaredas trocadas foram lancinantes. As animosidades não somente eram dirigidas a mim, mas também a um contingente importante de servidores da PR1 que atuava no suporte, digitação de resultados e fiscalização dos candidatos no processo.

Em verdade, havia algo de tácito na minha indicação e posterior permanência à frente da presidência da Comissão de Heteroidentificação. A própria permanência na Superintendência-Geral de Graduação da PR1 já parecia estar condicionada e indissociada à comissão. Deixar a Comissão de Heteroidentificação seria deixar a PR1.

E, então, uma nova pergunta se impôs: não teria sido mais prático renunciar à presidência da comissão e à própria Superintendência-Geral de Graduação?

De fato, houve uma carta de pedido de exoneração que redigi e entreguei à pró-reitora de graduação. Essa carta suscitou uma reunião conjunta com ela e Denise. Nossa reunião, cujos pormenores serão aqui evitados, culminou e prenunciou a minha iminente substituição da presidência da Comissão de Heteroidentificação; porém, isso, como havia mencionado anteriormente, não se deu. Múltiplos nomes foram aventados, mas nunca confirmados. Nesse meio tempo, entre nomes e nomes, passaram-se muitas noites em que, desfrutando de uma insônia compulsória, eu refletia sobre todo esse contexto.

Assim, em uma manhã, na copa-cozinha da PR1, tomando um café juntamente com Gisele e dois colegas superintendentes, em um raro momento de indignação, não tão contida, disse um basta a tudo aquilo que estava ocorrendo e falei: "Já que ninguém quer assumir essa comissão, tampouco há quem deseje que eu continue, digam a todos que fico". Caricato, mas foi de fato nestes termos.

Realmente, não sei se foi a melhor decisão, mas sei que não foi fruto das noites de insônia reflexivas. Foi de supetão. Obviamente, tudo estava resolvido e não resolvido simultaneamente. A consequência dessa decisão foi tranquilizadora para a administração central, enquanto, para os membros da comissão e militantes, que de nada sabiam desses bastidores, nenhum avanço se dava na neutralização do imposto(r).

Naquele mesmo dia, já de noite, em casa, tentando refletir sobre minha decisão tomada na copa-cozinha da PR1, em uma franca repetição ritualística, desenfurnei da estante a minha indefectível quadrilogia em DVD de *Sete homens e um destino* (*The Magnifcent Seven*), de 1960, dirigido por John Sturges e com a brilhante alcatrão-nicotínica trilha sonora de Elmer Bernstein — e me pus a assistir, pela enésima vez, o primeiro filme, com o memorável Yul Brynner.

O leitor deve se perguntar o que esse filme tem a ver com heteroidentificação, tomada de decisão, entre outros. Verdade, cada um com suas manias, mas esse filme, uma notória versão western de *Os sete samurais,* de Akira Kurosawa, tem múltiplos vieses subversivos, socialistas, entre outras centenas de metáforas e críticas à sociedade imperialista e ao domínio de corpos. Vale ressaltar, também, que esse foi o primeiro filme de bangue-bangue de que tenho lembrança de assistir com o sr. Brazil.

Assim, sem mais delongas, revelo que esse é meu filme de cabeceira e oráculo cinematográfico, capaz de, a cada vez que assisto, trazer oportunas reflexões e elaborações. Portanto, em mais uma típica repetição analítico-cinematográfica, consegui elaborar a minha decisão tomada na copa-cozinha, já ao cabo dos doze primeiros minutos de filme. Para os curiosos que desejam assistir à cena, ela se encontra disponível em várias plataformas de vídeo na internet.

Em resumo, o filme trata da tentativa de realização do enterro de Old Sam (o ator não aparece no filme), o velho indígena-civilizado que não era puro o suficiente para ser enterrado na branca cidade de Boot-Hill. O conflito é deflagrado e, no meio da grande discussão, Chris (Yul Brynner) interrompe todos e diz: "Se o problema é que não há ninguém para levar a carroça até o cemitério, eu levo". Neste instante, Vin (Steve McQueen) pede uma Winchester emprestada e se senta ao lado de Chris na carroça. Sob xingamentos e tiros, conseguem chegar até o cemitério. Old Sam pôde ser enterrado. Na sequência, a épica trilha sonora se impõe.

Eu desligo o DVD e compartilho a única e dolorosa dúvida remanescente: o meu destino seria o de Old Sam ou o de Chris e seus seis samurais superintendentes e assessores? Elaboração concluída.

Retornemos. Em meio a todas as tensões, as chamadas para heteroidentificação continuavam.

Desde 2020, regularmente, os primeiros semestres de cada ano envolveram a convocação e heteroidentificação de cerca de 1.500 candidatos, divididos em quatro a cinco chamadas consecutivas. Já nos segundos semestres, em virtude do já previsto número menor de vagas ofertadas, este contingente giraria em torno de 1.110 candidatos ou até um pouco menos. Trata-se, de fato, de um concurso dentro do concurso de acesso.

No início, incorporamos as práticas adotadas pela Câmara de Políticas Raciais quando dos concursos para servidores. Porém, eram procedimentos que envolviam e davam conta de um pequeno número de candidatos por chamada, apenas algumas dezenas, e o uso dos mesmos formulários e logística revelaram-se bastante exaustivos e pouco práticos no contexto de centenas de candidatos por dia, agora relativos ao concurso de acesso à graduação. Nas primeiras chamadas, passamos algumas madrugadas digitando resultados e organizando formulários em papel para que a cronologia das chamadas do acesso não fosse comprometida.

É importante lembrar que o calendário de convocações de candidatos está umbilicalmente ligado ao calendário do SiSU, o que limita a janela de convocações.

Isso, em última análise, pode comprometer o número de chamadas convocatórias e implicar, ao final, a ocorrência de vagas ociosas. Até então, o procedimento de heteroidentificação não existia e necessitava ser incorporado nessa janela, sem prejuízos.

Certamente, a logística de convocações, uso e adaptações de formulários e digitalização de resultados foram sendo, aos poucos, otimizados. Também, esses protocolos e adaptações foram objeto de críticas e rusgas entre os membros da comissão e equipe de suporte da PR1. Pensemos, diante do absurdo do branco imposto(r), que qualquer motivo ou problema seria óbvio ponto de resistência e atritos. Todos ultrapassaram seus limites e viviam em estertores.

De Durban a Wuhan

SE HÁ LUGAR PARA MAIS UM CLICHÊ, ELE DEVE APARECER aqui e agora. Nada está tão ruim que não possa piorar. E piorou. Ainda no primeiro semestre de 2020 fomos atropelados pela famigerada pandemia da covid-19. Vivemos o isolamento social e, consequentemente, todas as atividades presenciais no âmbito da universidade foram suspensas. Se não me engano, conseguimos completar o acesso à graduação do primeiro semestre de 2020 ainda de forma presencial; porém, o segundo semestre daquele ano estava em xeque, e o procedimento de heteroidentificação poderia ficar comprometido.

Entre as várias preocupações com a matrícula dos candidatos que chegariam para o segundo semestre de 2020, havia uma preocupação particular com a logística; tanto do ponto de vista político quanto administrativo não se cogitava suspender o processo. Ao mesmo tempo, tampouco prosperou a ideia de se realizar o procedimento de forma virtual, online, ou mesmo por meio de fotografias dos candidatos.

Até bem pouco tempo atrás era possível encontrar vídeos e tutoriais nas mídias sociais orientando candidatos em como burlar e fraudar a heteroidentificação online, por meio de receitas para pigmentação da pele, procedimentos capilares e maquiagem para simular caracteres fenotípicos negroides. A comissão já estava escolada nesse sentido, bem como o núcleo duro da militância antirracista, que também já conhecia, havia muito, tais estratagemas.

Da mesma forma, e este teria sido o primeiro consenso, toda a PR1 também se colocaria finalmente contra o procedimento virtual. Inclusive, à época, nossas condições estruturais e materiais envolvendo espaços, computadores e rede não estavam preparados para suportar tal empreitada sem riscos de quedas de conexões, servidores para os registros digitais, entre outros, de forma concertada e ao vivo.

Em verdade, muito em função dos severos cortes orçamentários sofridos pelas universidades federais no período de governo do presidente Jair Bolsonaro, e a UFRJ não foi exceção, muito pouco pôde ser destinado ao apoio e suporte para a plena implantação do procedimento de heteroidentificação na UFRJ.

Em que pese o ensino remoto adotado pela universidade, a introdução compulsória da matrícula online por força de determinação do Ministério da Educação (MEC), o procedimento de heteroidentificação permaneceu ocorrendo de forma presencial ao longo de todo o período pandêmico, e jamais foi interrompido.

E tal empreitada tangenciou, por inúmeras vezes, os limites do impossível.

Ainda que todo o processo e logística pudessem ser qualificados como de cunho mambembe (reservo-me o silêncio em relação aos propagadores deste último adjetivo), um verdadeiro aparato de pessoas e iniciativas, dentro e, sobretudo, fora da PR1, foi absolutamente imprescindível para que a heteroidentificação da UFRJ pudesse subsistir e, finalmente, se estabelecer.

Se as tensões existentes até então prenunciavam um possível colapso, a pandemia amalgamou algo impensável, mesmo diante de uma agudização de problemas. Bem verdade, eles acabaram por provocar um movimento geral de dessensibilização dos corpos negros e brancos em meio às milhares de vidas que eram ceifadas pela pandemia.

Não se tratava de uma dessensibilização nefasta, não se tratava de indiferença, mas de uma diferença que se fazia necessária. Mesmo diante da ameaça à própria vida, todos estavam imbuídos do espírito de manter o processo ocorrendo.

Uma vez decidida a sua manutenção de forma presencial durante a pandemia, foi necessário estabelecer protocolos e procedimentos administrativos, de saúde, de proteção pessoal e coletiva que demandaram esforços de múltiplos setores, pró-reitorias e da Prefeitura da UFRJ.

Do ponto de vista dos membros da comissão e equipe da PR1 envolvida no procedimento propriamente dito, todos receberam orientações e atendimento por parte do Núcleo de Enfrentamento e Estudos de Doenças Infecciosas Emergentes e Reemergentes (NEEDIER). Este núcleo fora criado durante a pandemia como uma das frentes de combate e estudos sobre a covid-19. Particularmente, a professora Terezinha Marta Pereira Pinto Castiñeiras foi a médica-chave nessa parceria.

Os membros da banca e servidores da PR1 eram testados a cada chamada para avaliar possíveis casos de participantes assintomáticos ou doentes, e recebiam todas as orientações necessárias de assepsia e cuidados.

Houve acompanhamento contínuo de nossa equipe. Por outro lado, em face das dificuldades de uso de transporte público e do próprio isolamento social, a Prefeitura Universitária e a Divisão de Transporte da UFRJ disponibilizaram transporte para os membros da comissão para que pudessem chegar ao campus sem riscos elevados de exposição e contaminação. Motoristas e equipes das divisões também eram testados.

O prefeito Marcos Maldonado com a coordenação da sra. Simone Figueiredo, à frente da divisão de transporte oficial, foram absolutamente fundamentais, bem como todos os motoristas que se dedicaram a garantir a manutenção de muitas outras atividades essenciais na UFRJ. Muitas das vezes, até viaturas oficiais da universidade eram barradas em pontos de controle de interdição de tráfego na cidade do Rio de Janeiro. Sem esse suporte, jamais teríamos garantido a segurança de nossas equipes.

Por sua vez, apenas um único restaurante universitário estava funcionando, de acordo com as normas de segurança epidemiológicas e sem a possibilidade de aglomerações para consumo de refeições que eram distribuídas em marmitas do tipo quentinha. Assim, também foi necessário lançar mão de outro aparato em parceria com a Pró-Reitoria de Planejamento, Desenvolvimento e Finanças (PR3), a Pró-Reitoria de Gestão e Governança (PR6) e a coordenação do Sistema Integrado de Alimentação (SIA) da UFRJ para que, ao longo do dia, os membros das comissões e servidores de apoio pudessem receber alimentação entre os turnos de heteroidentificação da manhã e tarde.

Durante o isolamento social, apenas serviços estritamente essenciais estavam em funcionamento. Demais restaurantes e permissionários ligados à alimentação estavam com as atividades suspensas. Assim, os campi, sem aulas presenciais ou quaisquer outras atividades acadêmicas e administrativas, eram verdadeiros desertos. Somente equipes de plantão e de serviços essenciais eram mantidas.

Em particular, e mais uma vez, sem o apoio e coordenação integrada dos pró-reitores Eduardo Raupp (PR3), André Esteves (PR6) e da coordenadora do SIA, Renata Machado, não haveria qualquer possibilidade de realizarmos o procedimento de heteroidentificação ao longo do dia. Ainda foi necessária a distribuição de máscaras de proteção, *face shields*, álcool 70%, entre diversos outros insumos e equipamentos de proteção individual (EPIs) que puderam ser destinados à nossa equipe. A coordenação de Planejamento, Gestão e Avaliação do Complexo Hospitalar foi, literalmente, outro parceiro vital. Sem a intermediação da sra. Angelúcia Muniz, sequer teríamos a garantia de estarmos presencialmente e em conformidade com os protocolos de proteção individual. Esses são apenas alguns poucos nomes, todos fundamentais, além dos diversos outros servidores amigos e parceiros que estavam envolvidos e dedicados à geração de uma logística impensável, de vulto inimaginável, que foram motores e combustível, e permitiram à locomotiva da heteroidentificação o seu avançar.

Realmente, a logística se transformou no grande desafio durante o período pandêmico. Se ela já não era fácil no início, tornou-se o desafio maior cotidiano, e precisava se reinventar a cada instante. Nas primeiras chamadas presenciais imediatamente anteriores à pandemia, adotávamos um procedimento em que cada subcomissão de três membros se reunia em uma determinada sala enquanto os candidatos aguardavam, juntos, em um grande anfiteatro. Após o procedimento de heteroidentificação, o candidato era convidado a esperar em um anfiteatro até ser chamado, individualmente, para outro local onde tomaria ciência de seu resultado. Assim, ocupávamos cerca de quatro a cinco salas e dois grandes anfiteatros.

Nessa ocasião, contamos com a prestimosa colaboração da Decania do Centro de Ciências Matemáticas e da Natureza (CCMN), particularmente da professora Cássia Turci, decana à época e atual vice-reitora (2023-2027). Pudemos contar com quase todo o segundo andar do Bloco F do CCMN. A acomodação de centenas de candidatos por dia não era tarefa fácil, nem organizar os deslocamentos de candidatos e acompanhantes — e eram muitos — conforme o fluxo de acolhimento, identificação, heteroidentificação e resultado.

Aglomerações de pessoas, salas fechadas sem circulação de ar — nada disso era mais possível —; essa realidade foi absolutamente banida. Vivíamos o isolamento social e, no máximo, eram cogitadas algumas atividades, com EPIs, protocolos de isolamento e assepsia, em espaços abertos.

Que venha a geração da sustentação!

FAZER ACONTECER A HETEROIDENTIFICAÇÃO DURANTE a pandemia foi o produto de um esforço hercúleo, de negociações extremamente tensas, cujo contingente envolvido talvez nunca possa ser verdadeiramente estimado. Acredito, entretanto, que haja um segmento do contingente universitário merecedor de destaque especial, por seu comprometimento com a causa antirracista, vulnerabilidade, impulsividade e polêmicas durante todo o processo de construção da heteroidentificação.

Sigamos aos poucos. Os estudantes tiveram um caminho árduo até a conquista do lugar paritário dentro da Comissão de Heteroidentificação — constituída por discentes, técnicos e docentes. A exemplo da comissão destinada aos procedimentos envolvendo os concursos públicos para o provimento de cargos efetivos para técnicos administrativos e docentes, havia uma forte corrente que também entendia e preconizava que a comissão para o concurso de acesso à graduação também fosse composta apenas por técnicos e docentes. Os argumentos eram múltiplos: os estudantes não faziam parte da instituição e, portanto, não poderiam atuar como agentes públicos dotados de prerrogativa para participar de processo seletivo; haveria conflito de interesse entre o contingente de estudantes matriculados e aqueles que intencionavam entrar na instituição. Até a própria imaturidade foi usada como argumento contra a indicação de discentes para a Comissão de Heteroidentificação.

Confesso que, ao princípio, também comunguei dessa opinião, sobretudo pela questão legal, uma vez que receava os questionamentos jurídicos, os quais reiteradamente tentavam desmontar e abalar a legitimidade da comissão. Por outro lado, também receei que a imaturidade e impulsividade de alguns estudantes pudesse comprometer o processo. Mais tarde, bem mais tarde, acabei entendendo a importância e o valor desse segmento dentro da Comissão de Heteroidentificação para o ingresso nos cursos de graduação.

Os argumentos favoráveis dizem respeito ao caráter formativo, didático e de renovação. Pode até parecer óbvio, mas não é, sobretudo para os brancos. Realmente, seria inconcebível um candidato ingressante, pardo ou preto, passar pelo procedimento sem visualizar seu par e atestar que a política que garante a destinação adequada da vaga não seja real e efetiva, manifestando-se, no ato e ao vivo, na figura de seu eventual futuro colega. Por isso, a cultura formativa da política antirracista se dá mesmo antes da matrícula do futuro estudante. Didático, também, pois ensina, tanto ao estudante já matriculado como ao ingressante, os ritos, os procedimentos e a realidade da heteroidentificação como instrumento de monitoramento e de devida garantia da efetiva aplicação da Lei de Cotas. Hoje, há dezenas de estudantes na comissão que foram candidatos heteroidentificados em processos seletivos anteriores e que são ativos militantes e formadores de opinião dentro do movimento antirracista.

Assim, ao destacar as três dimensões — formativa, didática e renovável —, pretendo apontar, ao mesmo tempo, seu caráter indissociável. Certamente, não discordarei, haverá uma dezena de outras dimensões favoráveis que também podem ser exploradas a partir da participação discente nas comissões.

Porém, devo acrescentar que a impulsividade de alguns poucos estudantes membros da Comissão de Heteroidentificação trouxe alguns intensos momentos de tensão. Também, seja dita a verdade, as discussões acaloradas não foram exclusivas do segmento discente. Muitos técnicos e docentes não foram menos efusivos; porém, as discussões e discordâncias se restringiram aos espaços físicos em que o procedimento ocorria.

Estudantes, muito mais afeitos ao universo digital, às vezes publicavam mensagens ou comentários sobre seus sentimentos de indignação ao ver brancos tentando fraudar a heteroidentificação. Em particular, uma dessas postagens acabou gerando uma denúncia junto à Ouvidoria Geral da UFRJ, ensejando um processo de sindicância averiguativa. Apesar de a manifestação anônima ter sido quase pueril, o estudante denunciado fazia parte da comissão e estava sendo monitorado por vários candidatos considerados não aptos. O procedimento averiguativo findou recomendando que o estudante não fosse mais portariado como membro de comissões de heteroidentificação.

Apesar desse pequeno revés, atualmente a comissão tem contado com mais de duzentos nomes portariados, com expressivo número de estudantes, sendo o segmento com mais voluntários engajados.

Não somente nas mídias sociais, mas também ao vivo éramos frequentemente filmados e gravados por familiares, amigos e advogados durante a heteroidentificação dos candidatos. Havia vigilância constante.

Album fumus boni iuris et periculum in mora![4]

À MEDIDA QUE A HETEROIDENTIFICAÇÃO SE CONSOLIDAVA como política e procedimento perenes, começava a surgir toda sorte de estratégias e artimanhas para atacar o processo por parte de candidatos não aptos e, ao mesmo tempo, uma verdadeira indústria jurídica de ações e liminares com o intuito de desconstruir a heteroidentificação e garantir, ainda que de forma precária, a matrícula de candidatos não aptos.

Em suas petições iniciais, cada detalhe era abordado, pelos patronos dos candidatos considerados não aptos, para apontar eventuais fragilidades e subjetividades do procedimento de heteroidentificação.

Assim, quando houve a necessidade de se adaptar às condições impostas pela pandemia da covid-19, os ataques foram ainda mais contundentes.

Nesse sentido, a fim de atender à recomendação de atividades em espaços abertos, solicitamos à Decania do Centro de Tecnologia (CT) da UFRJ os espaços referentes ao hall e mezanino do Bloco A daquele centro. A Decania foi prontamente solidária cedendo os espaços e mobiliá-

---

4. "Fumaça do bom direito branco e o perigo na demora!", em tradução livre.

rio para distribuirmos as subcomissões. A configuração final, talvez ainda passível de melhoramentos, previa a distribuição de quatro a cinco subcomissões de três membros no mezanino e duas mesas no hall (térreo), de forma que servidores da PR1 pudessem chamar, individualmente, os candidatos para a divulgação de resultados. Aos queridos Robertão do CT e Agnaldo Fernandes, meu fraterno abraço e grande agradecimento.

Um pequeno detalhe: a logística de separarmos as comissões, no mezanino, do servidor que dava os resultados no andar térreo do Bloco A do CT gerou um desconforto físico importante. Apesar da separação estratégica e funcional, enfrentávamos o desgaste de, a cada dado intervalo de tempo, ter que enviar um membro da equipe escada abaixo e acima para buscar resultados dos pareceres para o servidor que se encontrava no térreo. Uma das principais vítimas de exercício compulsório foi o professor Bruno de Paula, não por vocação ou iniciativa, mas por pura pressão dos demais colegas, todos mais velhos ou com problemas articulares devidamente comprovados, que colocaram Bruno como o atleta da escadaria.

Logo nos primeiros dias, quando tentei me solidarizar com o professor Bruno e fazer algumas tentativas de sobe e desce, acabei ativando algumas memórias recalcadas de quando vivia, na infância, em Santa Teresa, bairro do centro do Rio de Janeiro. Vivíamos em uma grande e antiga casa, com dois pavimentos, pé-direito de três metros e meio e uma longa escada de madeira em curva. Já no primeiro ano vivendo na casa, introduzimos o conceito da "cestinha". Pendurávamos a antiga cesta de piquenique no vão da escada com uma corda, a qual ficava continuamente disponível para o escambo de materiais, chaves, garrafas d'água, carteiras, brinquedos, entre outros utensílios domésticos.

Essa memória de minha antiga casa fez-me recordar de uma antiga sacola de lona com alças, oriunda de um congresso de toxicologia do qual havia participado, cuja tamanha utilidade cunhou o imperecedouro apelido de "elevador de resultados". Não serviu apenas para descer os resultados, mas se asseverou um verdadeiro canal de comunicação entre a mesa de resultados e os membros da comissão no mezanino. Seu papel foi tão notório que se tornou objeto de crítica de alguns advogados de candidatos não aptos, os quais apontavam, em suas ações iniciais, o aspecto mambembe e pouco profissional da instituição quando apelava para uma sacola com barbante como instrumento de tramitação dos resultados dos candidatos. De fato, os advogados monitoravam e atacavam todo e qualquer procedimento, movimento, atitude da comissão e dos membros da PR1 a fim de desconstruir e invalidar o resultado de seus clientes não aptos e assim, de uma forma ou outra, tentar garantir a matrícula por meio de liminares.

Na verdade, o "elevador de resultados" foi uma grande atração para candidatos, pais, acompanhantes e público em geral. Havia um momento de curiosidade para comentar e quebrar alguns, de muitos, momentos de tensão. Definitivamente, nenhum juiz acatou a alegação da bolsa de resultados como um artefato prejudicial ou que merecesse atenção para outorgar liminares aos candidatos considerados não aptos. A bolsa permaneceu como legado material, quase uma mascote inanimada da equipe da PR1.

Um aspecto foi absolutamente providencial na dinâmica de apresentação dos resultados aos candidatos. A introdução da divulgação individual dos resultados era necessária, já que as reações frequentemente eram imprevisíveis, tanto no caso de serem considerados não aptos como também quando considerados aptos.

Obviamente, no caso dos não aptos, as reações eram mais contundentes e, às vezes, com falas bastante agressivas dirigidas aos servidores da PR1 e aos membros das comissões. Assim, era fundamental que este servidor estivesse dedicado a essa função e não envolvido com qualquer outra etapa do processo. Em que pese a existência da etapa recursal, e essa era também mais uma função do servidor da PR1 — explicar e orientar o candidato quanto aos procedimentos do recurso —, muitos candidatos considerados não aptos simplesmente se alteravam de tal forma que era necessária uma intervenção e acolhimento, inclusive de seus familiares. Somente depois, com diversas explicações e orientações, os candidatos entendiam que aquela primeira "reprovação" não era definitiva, e o recurso à nova comissão recursal ainda poderia reverter o primeiro julgamento.

Registro que a experiência e os conhecimentos adquiridos quando de minha graduação em psicologia foram absolutamente úteis para esse particular momento. Divulgar resultados positivos e negativos não é tarefa fácil e, ao cabo de poucos meses, toda a equipe da PR1 envolvida já havia desenvolvido uma fala neutra, mas acolhedora, e já conseguia, com bastante destreza, esquivar de ataques pessoais de candidatos não aptos.

Por certo, o resultado final, após a comissão recursal (tanto apto como não apto), passou a ser divulgado somente por via digital, no endereço eletrônico da PR1. Anteriormente, quando o resultado final era divulgado no mesmo dia, no caso dos não aptos, inevitavelmente os membros das comissões eram achacados por parentes e advogados que vinham, em verdadeiras comitivas, acompanhar os candidatos.

Naturalmente, nesses casos seria possível imaginar que um candidato, acompanhado de advogado, de antemão denotaria que a sua autopercepção já seria duvidosa quanto ao seu fenótipo negroide. Assim, muitas vezes, era necessário interrompermos o trabalho de todas as comissões devido aos gritos e rompantes que se espetacularizavam.

Os espaços abertos, além de darem grande visibilidade e transparência sobre os atos que ali ocorriam, também eram palco oportuno para alguns candidatos e acompanhantes realizarem verdadeiros espetáculos de crítica e indignação pública. Esses episódios, ainda que relativamente pouco numerosos, fizeram com que uma das minhas principais atividades fosse a de mediador de conflitos, sobretudo atuando para evitar que os manifestantes causassem comoção e efeitos dominós entre os que ali aguardavam para serem heteroidentificados ou mesmo para receberem seus resultados.

Tratava-se de um caldeirão a céu aberto. Lidávamos com praticamente toda sorte (ou azar) de acontecimentos. Os casos mais frequentes eram os de candidatos que faltavam e apareciam, dias depois, em outra chamada, pedindo nova oportunidade. Geralmente, vinham com parentes que, muitas das vezes, assumiam a "culpa" por seus filhos terem faltado, todos maiores de idade, diga-se de passagem.

As conversas, sempre dolorosas e desgastantes, culminavam em um invariável sentimento de frustração, tanto meu quanto dos candidatos e parentes, pois a falta sem justificativa legal que demonstrasse impossibilidade gerava a eliminação do candidato e a perda da vaga. Obviamente, as tentativas de argumentação eram múltiplas, algumas vezes, tangenciavam limites inefáveis, mesmo diante das mais claras e didáticas explicações de nossa parte.

De forma breve, a eliminação do candidato faltoso já implicava a oferta da vaga para a próxima chamada, sendo ambos procedimentos públicos e transparentes, tanto a divulgação do candidato faltoso/eliminado quanto a divulgação da vaga ofertada para a próxima chamada. Assim, o candidato em fila de espera já podia acompanhar e ter a perspectiva da vaga a cada dia findado. Portanto, qualquer excepcionalidade implicaria excedente de candidato, o que, fatalmente, seria auditável em qualquer censo do MEC. Assim, apenas quando da manifestação prévia, antes da eliminação, o candidato poderia pleitear mudança/adiamento/antecipação de seu procedimento de heteroidentificação, devidamente justificado.

Durante a pandemia da covid-19, foram vários candidatos acometidos pela doença que necessitaram de adiamento por conta da necessidade de permanecerem isolados. Nesses casos, a situação da matrícula permanecia pendente até que o candidato estivesse em condições de saúde compatíveis com o trâmite presencial, limitada ao calendário da última chamada.

Porém, não foram apenas situações ligadas a casos de saúde. Tivemos casos de militares aquartelados em treinamento/missões, impedidos de deixar seus quartéis ou campos de atuação, bem como pessoas em privação de liberdade, em presídios, as quais necessitavam de autorização especial da justiça para serem conduzidas, com escolta policial, até os locais de heteroidentificação.

Muitas das vezes, para tais casos, advogados e familiares solicitavam formalmente que o procedimento fosse realizado por meio de fotos, o que feria não somente o edital vigente, mas também poderia gerar precedente para diversos outros casos.

Aqueles originários de outros estados solicitavam que a realização se desse por via remota (online), por meio do envio de fotos via e-mail, entre outros, sob a alegação de que não possuíam recursos para viajar. Esses casos eram frequentes, mas não prosperaram, uma vez que todos os editais da UFRJ previam seus atos de forma presencial e com devida antecedência. Inclusive, as etapas do acesso à graduação se davam em períodos próximos ao início das aulas, o que tornava injustificável para o candidato aprovado em curso presencial já não ter iniciado seus preparativos para viver no Rio de Janeiro.

Sem dúvida, entendo todas as questões ligadas à permanência, evasão e retenção de estudantes nas instituições federais de ensino; porém, muitos dos pedidos eram absolutamente estapafúrdios. Ainda assim, mesmo que absurdos, muitos deles chegavam a se tornar ações judiciais contra o procedimento de heteroidentificação, bem como denúncias infundadas ao Ministério Público Federal, gerando Notícias de Fato, todas devidamente respondidas e justificadas pela PR1. Aqui faço destaque e agradeço ao incansável, dedicado e grande amigo Ricardo Anaya, pelos ensinamentos e apoio. Ricardo foi sujeito central à frente da Superintendência Executiva de Acesso e Registro da PR1, responsável pela confecção das respostas e pelo acompanhamento de todas as ações judiciais, contenciosos, Notícias de Fato, entre outros, ligados às lides da heteroidentificação, bem como às demais questões ligadas ao acesso à graduação em geral.

Naquele caldeirão a céu aberto não havia sequer um dia, ou melhor, um turno de heteroidentificação sem que houvesse algum incidente ou evento com fortes emoções. Lembremos que, durante o período pandêmico, os procedimentos ocorriam ali justamente pelas condições de distanciamento impostas pela covid-19, o que facilitava a espetacularização dos eventos e incidentes.

Na minha autointitulada função de mediador de conflitos, a maior dificuldade era lidar, também, com o inexorável conflito administrativo-político-racial que se editava a cada instante. Eu parecia ocupar e zelar pelo equilíbrio de uma tríplice fronteira formada entre candidatos, membros da comissão e servidores da PR1, cuja primordial função era neutralizar as frequentes Blitzkriege,[5] muitas oriundas dos atritos e divergências que se davam entre as interfaces dessas fronteiras, assim como bombardeios externos.

Em algumas ocasiões, candidatos pretos retintos foram eliminados do certame por terem faltado ao procedimento de heteroidentificação, por puro esquecimento ou descuido ao observarem suas convocações. Então, ao aparecerem dias depois, em outra chamada, com parentes e advogados, alegavam que eram inequivocamente aptos e que estavam sendo privados do ensino superior por um mero detalhe administrativo.

Concordo que eram indubitavelmente aptos; porém, como explicado anteriormente, não havia como recuperar a vaga já ofertada ao candidato subsequente em fila de espera.

Essas situações foram profundamente dolorosas, pois não era fácil acolher os eliminados, seus familiares e explicar com detalhes as regras do edital sem decepcionar ainda mais o candidato e uma família inteira

---

5. Blitzkriege: Do alemão; plural de *Blitzkrieg*. Refere-se à tática de "guerra relâmpago", caracterizada por ataques ou ofensivas surpresas, praticados na Segunda Guerra Mundial pelos alemães.

com expectativas. Lembremos que era um branco a ter essa missão nefasta.

Muitos membros da própria comissão, ao testemunharem tais situações, se solidarizavam com o candidato faltoso eliminado, tal como o movimento estudantil da UFRJ, que sempre acompanhou o procedimento de perto e sempre se manifestava com veemência quando qualquer sombra de dúvida pairava sobre eliminações.

Diante de todo esse sentimento de frustração do candidato, dos membros da comissão, dos movimentos estudantis e o meu também, todos nós sabíamos das desastrosas consequências de qualquer abertura de excepcionalidade para reagendamento de candidatos eliminados por falta.

Sem dúvida, era sempre dantesco eliminar alguém que teria sido considerado apto se não tivesse faltado e sido eliminado. O que já não acontecia com a mesma intensidade quando o faltoso era branco ou seu fenótipo definitivamente não apresentava qualquer traço negroide. Aliás, devo confessar um sentimento de alívio, pois a conversa com o candidato eliminado, neste caso, não era carregada de frustração e decepção.

De todas as formas, na grande maioria dos casos, o desgaste foi enorme ao lidar com ambas as situações, mas o tempo e a vivência de todos culminou no entendimento e na aceitação da observância do edital. Enquanto isso, até que esse consenso fosse atingido, todos éramos bastante bombardeados.

De fato, como já havia comentado, o clima era tão delicado que, muitas das vezes, éramos filmados por candidatos, familiares e advogados com seus celulares durante esses momentos de tensão e tentativas de argumentação para abertura de exceções. Essas filmagens, entre outras abordagens, a meu ver, nada mais eram que estratégias torpes, tentativas de intimidação, a fim de procurar encontrar brechas ou caminhos para fragilizar o processo e eventualmente auferir alguma vantagem pessoal em face da iminente eliminação do certame ou mesmo tentativa de burlá-lo.

Também era bastante frequente a presença de candidatos que se apresentavam indocumentados, portando fotocópias de documentos, fazendo pressão para que pudessem ser heteroidentificados, mesmo sem documento de identidade original válido com foto. A necessidade de se apresentarem com documento válido sempre foi expressamente disposta nos editais, como comumente exigido em qualquer concurso público, mas, mesmo assim, enfrentávamos as mais diversas pressões.

A praxe, para os casos em que havia problemas com documentos vencidos, ilegíveis ou fotocópias não autenticadas, era o reagendamento para uma data posterior ou chamada seguinte, em no máximo sete dias. Importante ressaltar que essa excepcionalidade era possível apenas para os candidatos que se apresentassem antes de suas eventuais eliminações. Assim, candidatos faltosos que se apresentassem após a eliminação, sob alegação de não possuírem documento válido ou equivalente na data de sua convocação, tinham seus pleitos de reagendamento de heteroidentificação liminarmente indeferidos e, consequentemente, suas eliminações reiteradas, conforme o edital do concurso de acesso.

    Certa ocasião, recebi uma candidata que estava muito nervosa pois, apesar de ciente de que possuía apenas a fotocópia de sua identidade, resolveu falar com um responsável para tentar resolver sua situação e se apresentar naquele mesmo dia, uma vez que precisaria viajar para outro estado, por conta de uma viagem de trabalho, ao final daquela mesma tarde. Apesar de muito bem articulada, a candidata demonstrava bastante nervosismo. Ela alegava não ter perdido, mas simplesmente esquecido sua identidade original em casa. Sua fotocópia tinha excelente qualidade, colorida, em um papel sem dobras, em perfeito estado. Relato esses detalhes por curiosidade, até mesmo porque o encaminhamento foi o mesmo. Reagendamos para a chamada seguinte — a candidata já estaria de volta ao Rio de Janeiro —, porém ela nunca retornou, foi eliminada e jamais voltou a entrar em contato com a Superintendência de Acesso da Pró-Reitoria de Graduação da UFRJ. Durante muito tempo, esse caso foi comentado entre os colegas da PR1. Muitos cogitaram que a referida fotocópia pudesse ter sido editada, e uma pessoa poderia estar tentando se passar por outra. De fato, a candidata/pessoa que se apresentou com a fotocópia era preta; porém, ao buscarmos o nome em mídias sociais (havia muitos homônimos), encontramos pessoas sem quaisquer caracteres fenotípicos negroides. Nenhuma se parecia com a pessoa que se apresentou naquele dia. A dúvida permanece até hoje.

Que venha a apuração das denúncias de fraudes!

POIS BEM, ADIEI ATÉ O MOMENTO A QUESTÃO DAS denúncias de fraudes. De fato, entre todas as demais questões que ainda pretendo abordar, essa talvez seja a que tenha mais meandros exaustivos e pouco agradáveis. Em verdade, cronologicamente, deveria ter sido apresentada no início deste breve relato. Porém, justifico minha resistência pelo fato de ter tentado, ao máximo, estar pouco envolvido com as questões relativas às denúncias de fraudes. No início não foi assim. A ideia era tratar as denúncias por meio de sua própria Comissão de Heteroidentificação, ao mesmo tempo que a implantação do processo de heteroidentificação do acesso à graduação.

Rememoremos. Ainda em julho de 2019, poucos dias após a nomeação da equipe, muito tempo antes do próprio curso de capacitação em heteroidentificação, uma verdadeira enxurrada de e-mails, anônimos ou não, chegava à caixa de mensagens do Gabinete da PR1, com centenas de denúncias contra estudantes matriculados na UFRJ que teriam produzido autodeclarações falsas e, na verdade, seriam estudantes brancos ocupando as vagas destinadas aos estudantes pretos e pardos. Muitos e-mails possuíam anexos com nomes e registros de matrículas de dezenas de estudantes, além de fotos, detalhes de extratos de mídias sociais, entre outros. Além disso, havia denúncias repetidas, de mesmo denunciante e de denunciantes distintos.

Em termos temporais, as denúncias que chegavam em julho e agosto de 2019 se tratavam, em grande maioria, de estudantes denunciados ingressantes entre 2015 e 2019. Acredito que tenhamos chegado a cerca de trezentos estudantes denunciados. A questão principal era a de como tratar essa situação, uma vez que todos os editais de acesso à graduação, na época, previam apenas a autodeclaração por parte dos candidatos às vagas com recorte racial.

Naquele mês de agosto de 2019, lembro que Denise (reitora) e Fred (vice-reitor) tinham comparecido, juntamente com a Ouvidora Geral da UFRJ, professora Cristina Riche, a uma audiência com representantes do Ministério Público Federal para tratar das denúncias em geral e de uma ação civil pública que já tramitava contra uma estudante denunciada da UFRJ. Naquela ocasião, a universidade apresentou uma portaria, publicada pela Reitoria anterior, ao MPF, a qual instaurava uma comissão responsável pela heteroidentificação de candidatos aos concursos para provimento de cargos de servidores públicos. Nesse sentido, a UFRJ já acenava com a intenção de apurar tais denúncias, mas sem efetivamente ter dado início aos trâmites.

Nessa reunião, ao final, a gestão de Denise e Fred acordara que a universidade se comprometeria a apurar as denúncias por meio de processos administrativos adequados, garantindo o exercício do contraditório e a ampla defesa dos estudantes denunciados.

De fato, o caminho não foi simples. A Procuradoria Federal, junto à UFRJ, foi uma das primeiras instâncias a ser consultada para dar suporte jurídico ao Gabinete da Reitoria, no sentido de consubstanciar uma futura regulamentação para os procedimentos de apuração.

Em seu parecer, o então procurador-geral Jezihel Pena Lima apontou um aspecto interessante sobre os editais de acesso à graduação, nos quais figurava apenas a necessidade de autodeclaração do candidato cotista. Apesar de neles não haver a explícita menção ou previsão de procedimento de heteroidentificação, a exigência de autodeclaração sem qualquer aferição ou confirmação poderia ensejar, eventualmente, a existência de autodeclarações inidôneas, configurando abuso de direito e potencial ocupação de vagas por candidatos que não fossem aqueles para as quais as cotas raciais deveriam ser indicadas.

Assim, diante de uma determinada denúncia, a universidade possuiria o poder e o dever de apurar a sua veracidade, sempre garantindo o pleno exercício do contraditório e ampla defesa por parte do estudante denunciado.

Em verdade, tive pouco contato com o Dr. Jezihel Pena Lima; pois, logo no início da gestão de Denise, ele se afastou e foi substituído pelo Dr. Renato Cândido Viana, que permaneceu à frente da Procuradoria-Geral junto à UFRJ durante toda a gestão de Denise.

Mais do que um procurador-geral, o Dr. Renato foi um grande conselheiro para a PR1 e um verdadeiro mentor pessoal. Acredito que tenhamos tido algumas dezenas de reuniões, na grande maioria delas devidamente acompanhados pelo colega e amigo Ricardo Anaya, além de conversas formais e informais, em absoluto, todas imprescindíveis para avançarmos nos campos espinhosos e minados que deveriam ser desbravados e conquistados pela gestão.

Manifesto todo meu respeito e agradecimento ao Dr. Renato, sempre acessível e cordial, inabalável, mesmo diante das mais estapafúrdias consultas que apresentávamos.

Hoje, sinto falta do deleite oriundo da leitura de seus pareceres, de uma elegância ímpar e absolutamente livres de qualquer rebuscamento do "juridiquês" que pudesse dificultar o entendimento de suas colocações e ponderações. Eu aguardava seus pareceres como um garoto esperando a banca de jornal abrir para ler a nova edição de seu gibi favorito. Mesmo que não fosse favorável, jamais restei indignado, dada a clareza de suas palavras, embasamentos legais, entre outros, que culminavam, indefectivelmente, em uma resposta esclarecedora, mesmo diante de um eventual "talvez". Não posso resumir seu estilo, tampouco é o objetivo deste relato, mas, em muitas ocasiões, era evidente seu diletantismo pelo chiste e sarcasmo, sempre elegantes e na medida certa, apontando todas as (in)consequências e riscos envolvidos. Jamais afirmarei que o Dr. Renato tenha proferido as palavras que se seguirão aqui, até mesmo porque ele nunca as escreveu, mas, invariavelmente, a principal mensagem de alguns de seus pareceres poderia ser resumida pela seguinte frase: "Faça assim como o seu coração desejar", ou ainda, de forma mais curta, resumo: "Eu avisei".

Enfim, o Dr. Renato teve papel central nos aconselhamentos acerca das questões envolvendo as lides e regulamentações acerca da heteroidentificação.

Retomemos. Mesmo ainda sem uma resolução aprovada, alguns processos de apuração foram abertos no âmbito da Pró-Reitoria de Pessoal, bem como no âmbito da Câmara de Políticas Raciais. Porém, nenhum deles chegou a ter desfecho antes da publicação de uma resolução, pelo Conselho Universitário, que regulamentasse todos os procedimentos administrativos.

As denúncias chegavam por múltiplas vias e se acumulavam, tornando absolutamente impossível, naquele momento, determinar de forma eficaz quantas denúncias existiam. Foi necessário criar um fluxo e checagem que permitissem a triagem e verificação antes de partir para qualquer apuração. Por exemplo, muitas denúncias foram descartadas pois simplesmente o denunciado não havia ingressado na UFRJ por meio de cota racial.

O intervalo entre essa audiência com o MPF e a plena implantação de um trâmite regulamentado com seu devido processo culminou com uma resolução do Egrégio Conselho Universitário apenas em dezembro de 2020 (Resolução nº 24 de 2020 – Estabelece normas sobre o procedimento de heteroidentificação complementar à autodeclaração dos candidatos pretos e pardos visando, em especial, à efetivação do consubstanciado na Lei nº 12.711/2012. Publicada no Boletim de Serviços da UFRJ [BUFRJ], nº 49, de 03/12/2020).

Apesar de a resolução ter sido gestada no âmbito do Egrégio Conselho Universitário, praticamente todos os trâmites e processamentos ficaram a cargo da Pró-Reitoria de Graduação, sem que houvesse qualquer previsão de reforço de pessoal ou equipe dedicada a realizar as etapas envolvidas na apuração das fraudes. Deve-se ressaltar, também, que essa resolução se limitava a regulamentar a apuração das denúncias de fraudes e não possuía qualquer relação com a regulamentação do processo de heteroidentificação do acesso à graduação, o qual permanecia apenas regido pelos seus editais semestrais específicos.

Dessa maneira, além do procedimento de heteroidentificação do acesso, todas as etapas, desde o acolhimento, triagem das denúncias, abertura e tramitação dos processos, convocação de estudantes, gestão de cronogramas de heteroidentificação, articulação com a Câmara de Políticas Raciais/membros da Comissão de Heteroidentificação, recepção das partes convocadas, advogados, recursos, entre outros, ficaram integralmente sob responsabilidade da PR1.

Com efeito, a resolução previa o necessário e inalienável direito ao exercício da ampla defesa e contraditório por parte do denunciado; porém, permito-me a crítica, pecou em definir determinados procedimentos e prazos que se consumaram com enorme dificuldade para operacionalizar o conjunto dos atos a contento. Por exemplo, como dito anteriormente, uma vez que a quase totalidade dos atos era praticada pela PR1, havia previsão de, na ausência de comparecimento do estudante ante a primeira convocação, ele ser convocado pela direção da unidade de seu curso. Isso pulverizava os processos pelas diversas unidades envolvidas, as quais não tinham a informação completa sobre a tramitação desses processos sigilosos e tampouco tinham acesso aos cronogramas e para onde deveria ser feita a convocação. A resolução era silente quanto aos prazos entre as convocações e também quanto aos locais aos quais os estudantes deveriam comparecer. Portanto, cabia à PR1 a confecção de toda a logística e envio dos processos às direções apenas para proceder o ato de convocação e retorno do processo novamente à PR1.

Diversas vezes os alunos, confusos, não sabiam onde comparecer e apresentar suas defesas. As direções precisavam dos esclarecimentos, mas não podiam ter acesso aos conteúdos sigilosos da apuração. Ainda, e talvez mais grave, era a imperiosa necessidade de atender os estudantes, como também advogados, familiares, entre outros no âmbito da PR1, sem possuirmos quadros com formação para tal. Mais do que meramente administrativa, a apuração das fraudes, na grande maioria dos processos, derivava em ações judiciais em paralelo, que objetivavam ora paralisar o processo de apuração, ora encontrar saídas administrativas por meio de acordos; atendimentos para os quais não havia servidores com treinamento ou formação.

Coincidentemente, e por pura obra do acaso e sorte, pudemos contar com o superintendente de acesso e registro, Ricardo Anaya, bacharel em Direito, que nos podia auxiliar com as dezenas de casos diários que chegavam às portas da PR1 durante os picos de convocações. De fato, para as questões mais espinhosas e de ações com implicações mais graves, sempre pudemos contar com a Procuradoria-Geral, mas o cotidiano era avassalador, e jamais poderíamos ocupar a Procuradoria a cada cinco minutos. Os próprios servidores da PR1 eram, com frequência, interpelados por advogados dos estudantes denunciados, com o intuito de provocar brechas e falhas administrativas para anular os processos de apuração. Claro, não tínhamos ideia dos desdobramentos, mas eram inevitáveis os ataques, assim como no processo do acesso à graduação.

Por outro lado, diferentemente do procedimento de heteroidentificação do acesso, no qual o resultado da primeira heteroidentificação e o resultado final de uma eventual comissão recursal se davam em um tempo inferior a uma semana, o resultado final, arquivamento ou cancelamento de matrícula previstos pelas disposições da resolução do Consuni ocorriam, no mínimo, ao cabo de seis meses a mais de um ano.

Diante do número reduzido de servidores da PR1 disponíveis para a gestão administrativa das denúncias, os quais acumulavam suas funções regulares, e do número expressivo de denunciados, a estratégia foi tratar a apuração conforme a ordem cronológica de chegada das denúncias, em grupos de trinta a cinquenta, conforme os calendários de convocação e disponibilidade dos membros da comissão (eram apenas quinze servidores — entre docentes e técnicos administrativos).

Em resumo, após o denunciado se apresentar à primeira convocação e à primeira heteroidentificação, ele recebia seu resultado no mesmo dia e, em caso de ser considerado apto, seu processo era arquivado. No entanto, caso fosse considerado não apto, teria direito a mais dez dias para formular recurso/defesa por escrito e, então, poder aguardar nova convocação para apresentar-se à comissão recursal. Após isso, a comissão teria até quinze dias para exarar seu parecer final nos autos do processo, cabendo ainda recurso à pró-reitora de graduação e, em caso de indeferimento, recurso ao Egrégio Conselho Universitário.

Vale lembrar que, diante da dupla heteroidentificação como não apto e o indeferimento de recurso à Pró-Reitoria de Graduação, a matrícula do denunciado era cancelada pela pró-reitora. Nesse momento, apenas o Conselho Universitário poderia reverter, administrativamente, o cancelamento de matrícula, ante o último recurso formulado pelo estudante a esse Egrégio Conselho.

Saliento também que, em nenhum momento, a pró-reitora se manifestou favoravelmente aos recursos dos estudantes, em contrário aos pareceres de não aptos exarados pelas subcomissões de heteroidentificação; sempre procedeu aos cancelamentos de matrícula, acompanhando as deliberações das comissões.

Porém, as pressões do movimento negro antirracista e da própria Câmara de Políticas Raciais recrudesciam à medida que mais recursos se acumulavam e estavam na iminência de serem apreciados pelo Consuni. Decerto, os olhares estavam voltados para os estudantes com matrículas canceladas que pertenciam aos cursos imperiais, em particular, os do curso de medicina.

Foi inevitável. Denise não teve alternativa e precisou pautar, na primeira leva de processos apreciados pelo Consuni, os recursos de vinte estudantes de medicina contra os seus respectivos cancelamentos de matrícula, oriundos dos processos de apuração de denúncia que culminaram nos pareceres de não aptos.

Porém, nessa sessão, em particular conduzida durante as férias oficiais da pró-reitora de graduação, estava eu a representar a Pró-Reitoria de Graduação no Consuni, e obviamente com o objetivo de defender a manutenção dos cancelamentos de matrícula dos estudantes de medicina. Naquela sessão, sem dúvida, meu posicionamento e fala contundentes causaram desdobramentos imediatos e tardios, mas que, hoje, apenas reiteram o que muitos já sabem. Os votos terminaram com unanimidade pela manutenção dos cancelamentos de matrícula. Resumo essa sessão como admirável, admiravelmente nova, no melhor estilo, como confundem alguns, de Orson Welles ou Aldous Huxley em *O retrato de Dorian Gray*.

Os rescaldos, entre outros, me conduziram para o progressivo afastamento das questões ligadas à apuração das denúncias de fraude. Por um lado, as forças políticas internas à UFRJ eram múltiplas e veladas, em que pese a unanimidade do Consuni em sua primeira sessão. Por outro lado, os cancelamentos de matrícula surtiam pouco efeito, uma vez que as ações judiciais, de maneira irremediável, logravam êxito em produzir liminares garantindo a reativação de matrícula por tempo suficiente para que muitos dos estudantes concluíssem seus cursos. A sensação de frustração relativa a um trabalho extenuante e longo, sem sucesso, poderia ser resumida pela inexpugnável máxima de se estar enxugando gelo. Essa sensação era compartilhada por muitos, ultrapassou os muros da PR1, mas jamais foi respondida com outro termo, impessoal, distinto de *cumpra-se*.

Posso afiançar, com o pouco receio de estar equivocado, que ainda nos tempos atuais (refiro-me aos primeiros dias do mês de dezembro de 2023) devam restar denúncias que ainda não foram formalmente apuradas.

Vencida minha resistência acerca das fraudes, ou melhor, vencida minha quase-recusa a tratar do relato das denúncias de fraudes, voltemos aos desafios cotidianos da heteroidentificação do acesso à graduação.

Quo vadis? Macaé!

DIGNAS DE REGISTRO FORAM NOSSAS INCURSÕES no município de Macaé, em particular no Centro Multidisciplinar da UFRJ. O campus da universidade em Macaé é fruto do Programa de Apoio a Planos de Reestruturação e Expansão das Universidades Federais (REUNI), que permitiu a expansão da UFRJ para o nordeste do estado do Rio de Janeiro, levando cursos das áreas de saúde, engenharias e química, perfazendo nove cursos de graduação.

Nesse sentido, como no caso de qualquer candidato aos cursos de graduação da UFRJ, também estava prevista a heteroidentificação dos candidatos às vagas daquele campus.

Em princípio, entendemos que todos os candidatos, independentemente do curso pretendido e campus, poderiam ser convocados para heteroidentificação no campus Cidade Universitária na Ilha do Fundão, Rio de Janeiro. Ledo engano. Logo na primeira convocação de candidatos aos cursos de Macaé houve uma inundação da caixa de e-mails do Gabinete da PR1, bem como da Ouvidoria Geral da UFRJ, com a demanda de que houvesse heteroidentificação em Macaé para os candidatos aos cursos daquele campus. Por certo, a demanda parecia ser bastante razoável, se não tivéssemos alguns importantes problemas de logística, assim como um forte argumento de que nem todos os candidatos aos cursos de Macaé eram originários do município e residentes nele. Em muitos casos, candidatos do sul fluminense acabaram cruzando quase todo estado para serem heteroidentificados em Macaé, quando a viagem ao Rio de Janeiro era mais vantajosa.

Também, alguns convocados para heteroidentificação em Macaé acabavam se apresentando no Rio de Janeiro, de forma equivocada. Invariavelmente, realizávamos o procedimento, desde que o candidato não tivesse faltado à convocação em Macaé e comparecesse ao Rio de Janeiro no dia e hora corretos, ou mesmo antecipadamente, sendo o local o seu único equívoco justificável.

Antes de adentrar o universo macaense, destaco também a importância do campus UFRJ Duque de Caxias, com seus três cursos de graduação: biofísica, biotecnologia e nanotecnologia. Em que pese ser um campus avançado, de fato, a distância até o Fundão fora entendida como razoável pelos candidatos a esses três cursos, e sempre atuamos convocando-os para a realização da heteroidentificação no Fundão, sem maiores intercorrências.

De volta a Macaé, retomo os e-mails com reclamações e solicitações dos candidatos a fim de fazer com que a UFRJ também garantisse a heteroidentificação dos candidatos aos cursos daquele campus. Bem verdade, o contingente de candidatos a ser convocado em uma chamada regular de primeiro semestre, em geral a mais numerosa, nunca excedeu uma pequena centena. Isso significaria que, em um único dia, seria possível heteroidentificar todos os candidatos de Macaé da chamada regular utilizando-se um turno da manhã e outro da tarde. Simples, se conseguíssemos replicar uma estrutura de subcomissões e servidores da PR1 na proporção ideal para cerca de cinquenta candidatos por turno. Entretanto, essa tarefa nunca se revelou fácil ou trivial.

Apesar de os cursos de capacitação em heteroidentificação terem tido alta adesão de participantes em todas as suas edições, o número de estudantes, técnicos administrativos e docentes sempre foi bem menor no caso daqueles oriundos de Macaé. Dessa forma, a composição de subcomissões com membros de lá era sempre dificultosa.

Além disso, nos períodos de recesso ou de férias, o campus de Macaé tende a esvaziar-se, justamente quando os editais de acesso estão a todo vapor, sobretudo a heteroidentificação. A característica do corpo social de Macaé, em especial de estudantes, é de ser de fora do município, o que os levava a retornarem para suas cidades natais por motivos familiares. Assim, ter voluntários suficientes, com diversidade de gênero e raça, dos três segmentos, para constituir subcomissões era um desafio a cada chamada. Em verdade, raras foram as chamadas em que não partíamos desde o Fundão levando membros de comissão para complementar a de Macaé. E a logística não era simples.

A heteroidentificação em Macaé deveria, decerto, acompanhar o mesmo calendário de chamadas do Fundão e de Duque de Caxias, ou seja, acontecer na mesma janela temporal. Se tomarmos uma chamada regular como exemplo, a qual ocorria, em geral, durante cinco dias úteis, era necessário definir um destes dias para a heteroidentificação em Macaé. Isso significava ter processos simultâneos em um dia, ou ter de realizar a heteroidentificação no Fundão em apenas quatro dias e dedicar um dia a Macaé. Ambas as situações ocorreram, dependendo da chamada e de diversos outros fatores limitantes. O principal deles era o humano. Não possuíamos pessoal suficiente para compor as subcomissões simultaneamente em ambos os campi. Tampouco tínhamos pessoal da PR1 deslocável para Macaé, pois era necessário dar conta das atribuições cotidianas da própria PR1 em si, além da heteroidentificação no campus Fundão. Lembremo-nos, são momentos de pico de atividades, especialmente porque o edital de acesso está a pleno vapor.

Complementarmente, não dispúnhamos das câmeras em número suficiente para atender às comissões no Rio e Macaé ao mesmo tempo. Ainda, dependíamos de forma integral da Divisão de Frotas/Prefeitura da UFRJ para disponibilizar transporte de ida e volta para conduzir parte da equipe do acesso da PR1 e membros de subcomissão até Macaé. Essa logística implicava que os membros da PR1 e aqueles da comissão envolvidos com a heteroidentificação em Macaé precisassem sair do Fundão às sete horas da manhã, em van ou ônibus da UFRJ, realizar dois turnos de heteroidentificação naquele campus e retornar a tempo de processar resultados para a continuidade da chamada atual e manutenção do calendário das chamadas subsequentes.

Da mesma forma que no Rio de Janeiro, onde disponibilizávamos as refeições do restaurante universitário para os estudantes, era necessário transportar as refeições até Macaé para atender aos voluntários. Sem a indefectível ajuda e colaboração da equipe da PR6 e do Restaurante Universitário Central, jamais conseguiríamos realizar esse feito. A logística consistia em agendar a confecção das quentinhas na véspera da viagem, as quais eram congeladas em ultrafreezer (a -80ºC, preservando de forma eficaz os alimentos). Transportávamos as quentinhas ultracongeladas até a PR1, onde eram acondicionadas em freezer a -20ºC. No dia seguinte, viajávamos com as quentinhas congeladas até Macaé. Lá podiam ser descongeladas e aquecidas na copa-refeitório disponibilizada para o corpo social do campus. Importante lembrar que em Macaé também foram adotados os procedimentos de segurança em relação à covid-19.

Certamente, contávamos com Bruno de Paula, Joaquim Mendes, Daniela Negreiros, Livia Bersot, entre outros inestimáveis colegas, dentro e fora da PR1, para toda sorte de atividade e ações, sobretudo as de emergência que surgiam no cotidiano. A leitora e o leitor poderão relembrar as dezenas de agradecimentos já registradas nas páginas anteriores deste livro.

> "... Antes de mim não foi coisa jamais criada senão eterna, e, eterna, duro. Deixai toda esperança, ó vós, que entrais..."[6]

ACREDITO QUE, JUSTAMENTE EM UM DIA EM QUE havíamos programado heteroidentificação simultânea em Macaé e no Rio de Janeiro, ocorreu o caso mais inusitado que poderíamos imaginar, ou mesmo testemunhar, como de fato ocorreu.

Fora um dia bastante especial, não somente pela natureza do fato ocorrido, mas pela sequência de eventos e resultados que contribuíram, em muito, para a própria confecção deste livro.

Nessa manhã, éramos em três pela PR1. Lembro claramente que Lívia, Ricardo e eu estávamos juntos, sentados à mesa de resultados no hall do Centro de Tecnologia. Se não me falha a memória, era uma chamada com mais de uma centena de candidatos por turno. Além da esperada grande fila de candidatos, todos já em posse de suas senhas por ordem de che-

---

6. ALIGHIERI, Dante. Inferno. *In*: ALIGHIERI, Dante. *A divina comédia.* Volume I. 6. ed. Belo Horizonte: Villa Rica, 1991.

gada (graças ao infalível Robertão do CT), e acompanhados invariavelmente por familiares e amigos, havia outro importante contingente de pessoas junto à nossa mesa para dirimir dúvidas, tentar reverter eliminações do certame por falta, entre outras demandas já recorrentes.

Eis que, quando pensávamos ter resolvido todas as questões a contento, uma senhora, de 39 anos — idade confirmada a posteriori por imperiosa necessidade de atendimento médico —, mãe de uma candidata, que aguardava na longa fila, se dirigiu a mim com um bom-dia trêmulo seguido de um pedido, até então, comum: "Senhor, seria possível adiantar a vez de minha filha para que ela pudesse ser avaliada antes? Não somos do Rio e precisamos voltar para São Paulo de ônibus com urgência". Lívia, Ricardo e eu nos entreolhamos, e eu tomei a dianteira para, com a já habitual cordialidade e calma construídas ao longo das dezenas de chamadas anteriores, responder à senhora que infelizmente deveríamos seguir a ordem de chegada dos candidatos, normalmente garantida pela distribuição de senhas, e que sua alegação também era a de vários outros candidatos, o que tornaria impossível atendê-la sem que houvesse reclamações e alarido por parte dos demais presentes. Então a senhora retrucou: "A questão é que eu estou tendo um aborto agora e preciso voltar para São Paulo nesta tarde para resolver isso". Lívia, Ricardo e eu nos entreolhamos mais uma vez, agora com ares absolutamente indescritíveis.

Um silêncio sepulcral se eternizou. Entre as ecolalias que saíam das bocas de nós três, conseguimos fazer com que a senhora se sentasse em uma cadeira um pouco afastada de nossa mesa até que pudéssemos digerir e reagir com outra atitude diante daquela alegação, no mínimo, inédita.

De imediato, nossa reação foi a de não acreditar naquela alegação; pois, além de inimaginável e quase surreal, a cordial senhora não apresentava qualquer manifestação corporal, à parte a leve voz trêmula, que pudesse transmitir desconforto ou dor. Não demoramos mais do que trinta segundos para tomar uma decisão. Aproximei-me de sua cadeira e lhe perguntei: "A senhora está com dor, está se sentindo mal?". Ela balançou a cabeça duas vezes para cima e para baixo, passando a mão suavemente sobre sua barriga, confirmando minha dupla pergunta.

Ali, de fato, com olho no olho, não hesitei mais um segundo; telefonei para Maldonado, prefeito da Cidade Universitária, a fim de solicitar um carro da UFRJ e conduzi-la para o Hospital Universitário. Imediatamente, Maldonado atendeu meu telefonema e sugeriu que, nesse caso, o ideal seria contatar o Corpo de Bombeiros (há uma unidade na própria Cidade Universitária), que poderia intermediar a vinda de uma ambulância do SAMU com celeridade. Diga-se de passagem, Maldonado também gaguejou por alguns segundos diante do que eu lhe falava ao telefone, mas tampouco questionou. Acredito que minha voz estressada transmitiu a dramaticidade da situação.

Retornei até a senhora, que permanecia sentada em sua cadeira de vinil bege, em formato de concha, e agora já se encontrava levemente curvada para frente. Ela insistiu ainda que precisava ir embora o mais rápido possível, e dirigir-se até a Rodoviária Novo Rio, pois deveria resolver sua situação de saúde em São Paulo. Eu disse à senhora que adiantaria sua filha na fila para ser heteroidentificada imediatamente e que precisava de seu documento de identidade e o de sua filha. Esta foi a estratégia que me ocorreu naquela hora para evitar que aquela senhora partisse e, ao mesmo tempo, pudesse formalizar o pedido da ambulância junto ao Corpo de Bombeiros. Enquanto telefonava para o 193, Ricardo, Roberto e Lívia resgatavam a candidata na fila e a colocavam em prioridade.

Preciso registrar os absolutos profissionalismo, competência, temperança e celeridade com que o Corpo de Bombeiros acolheu meu pedido e, em poucos minutos, já me havia colocado em contato com uma médica que solicitava informações da senhora em tempo real, enquanto a ambulância do SAMU não chegava. A tensão não me permitiu lembrar de todos os nomes, mas registro o meu eterno agradecimento a todos os profissionais do Corpo de Bombeiros e SAMU. Durante apenas alguns minutos ao telefone, fui devidamente orientado, fiz o papel de interlocutor entre a médica e a senhora e fui presenteado com a tranquilidade necessária para conseguir seguir os protocolos que me eram passados. A médica fora enfática: "Não quero ou preciso falar com a paciente, meu interlocutor é você! Só faça as perguntas e me passe as respostas". Essa efusiva repreenda por parte da médica, digna de uma verdadeira obediência à autoridade, foi o necessário para me trazer tranquilidade, devidamente consentida, para, na sequência, eu, à minha vez, investir-me de outra autoridade e, ainda que com uma aparente docilidade, dizer àquela já denominada paciente: "A senhora não vai a lugar algum até que a ambulância chegue aqui".

A senhora, agora completamente curvada sobre suas pernas, levantou a cabeça, permitiu que eu visse suas lágrimas escorrendo e, mais uma vez, balançou a cabeça muito levemente duas vezes para cima e para baixo. Inspirou o ar profundamente com dificuldade, como se quisesse falar algo, mas eu não deixei, me antecipei: "Sua filha vai poder lhe acompanhar. Caso ela não possa ser avaliada hoje, reagendaremos sua heteroidentificação para uma data futura, sem prejuízo para ela, fique tranquila". O alívio foi imediato. Acredito que boa parte da dor que aquela senhora sentia era a eventual perda da vaga de sua filha.

Ainda que a situação estivesse longe de ser resolvida, e que meu contato telefônico em tempo real com a médica ainda tivesse elevado grau de tensão, eu tinha uma razoável tranquilidade em relação ao futuro resultado da heteroidentificação da filha da senhora em processo abortivo. Apesar de estar usando máscara cobrindo seu rosto (lembremos que também estávamos em período pandêmico da covid-19), eu tinha boa dose de certeza de que a jovem era parda, e que seria considerada apta.

Os poucos minutos que vivi entre o telefonema e a chegada da ambulância foram séculos que se arrastavam. Os olhares esbugalhados de Lívia e Ricardo tentavam disfarçar um ambiente de falsa tranquilidade, pois a bravura da senhora em permanecer quieta, sentada com sua dor, era um verdadeiro ato de heroísmo. Não gritar de dor naquele hall era garantir que o processo poderia ocorrer, inclusive o de sua filha, e que centenas de pessoas não surtassem nem entrassem em comoção diante de tal cenário.

A ambulância chegou praticamente no momento em que a jovem estava diante de uma comissão sendo heteroidentificada.

Da ambulância que estacionava em frente ao CT desceu um profissional de saúde com uma cadeira de rodas e, velozmente, foi conduzido por mim até a senhora. Ele fez as devidas perguntas protocolares, ajudou a senhora a sentar-se na cadeira de rodas e foram de imediato para a ambulância. A cadeira bege em concha, na qual ela estava sentada, restou lavada de sangue.

Aguardei, do lado de fora da ambulância, o atendimento da mãe. Após alguns breves minutos, a filha, já de posse de seu resultado de heteroidentificação, veio correndo e chorando em direção à ambulância: "Como está minha mãe?", e completou: "Eu fui reprovada".

Caros leitora e leitor, fiquem tranquilos. Assim como vocês, neste exato momento, também estou repetindo, em voz alta, todos os palavrões dicionarizados e não dicionarizados, em todos os idiomas que conheço, assim como o fiz, mentalmente, ao lado da ambulância e da jovem candidata "reprovada".

Somado a isso tudo, a poucos metros de distância da ambulância, havia estacionados alguns caminhões e geradores de energia que ora estavam sendo utilizados para as filmagens de uma série televisiva, de uma emissora platinada, sobre "verdades secretas" que ocorriam nos espaços da Decania do CT, ao mesmo tempo que os atores, staff, câmeras e demais aparatos também performavam a poucos metros de nosso procedimento de heteroidentificação.

O que eu esperava: que essa jovem candidata, aos prantos em frente à ambulância e querendo informações sobre sua mãe, provavelmente correndo risco de vida em algum grau, teria todas as razões do mundo para gritar a plenos pulmões toda e qualquer sorte de palavras a fim de atenuar sua(s) frustração(ões). Minha sensação era a do inferno na terra, com todos os sinais do apocalipse se cristalizando diante dos meus e dos olhos de Lívia e Ricardo.

Se a original, implacável e incontornável *Porta do Inferno*, de Rodin, é de bronze, a minha era de aço, vermelha, pertencia à ambulância e agora se abria.

Porém, ao contrário do que eu poderia imaginar, em lugar de três sombras anunciadoras de maus augúrios, três belos anjos de branco estenderam suas mãos para que a jovem ali subisse e acompanhasse os cuidados que estavam sendo prestados à sua mãe.

Alguns minutos se passaram, a jovem desceu da ambulância e veio até a mim. Com calma e doçura inimagináveis, pôde conversar comigo e informar-me que sua mãe estava estabilizada. Ainda conseguiu partir dali com um documento meu assinado informando que poderia recorrer da decisão de não apta e apresentar-se à comissão recursal em uma data futura a ser combinada, a fim de que pudesse acompanhar sua mãe até o hospital. Enfim, depois de a jovem ter me acalmado e subido de volta pela porta vermelha, a ambulância ali permaneceu por uma boa meia hora até que partiu.

Apesar de não ter mais tido contato com a jovem ou sua mãe, soube, por meio do colega Ricardo, que a candidata conseguiu apresentar-se à comissão recursal em uma chamada subsequente e que havia sido considerada apta, podendo efetivar sua matrícula e logrando a vaga que pleiteava na UFRJ.

Recordar, repetir e elaborar

UMA VEZ TENDO DADO VAZÃO ÀS PRINCIPAIS lembranças heteroidentificadoras, boas e ruins, mas todas transformadoras, procedo à báscula das lembranças às reflexões. Acredito que aqueles amigos mais próximos e parentes, que já me conhecem há algum tempo, estão pensando que, a partir de agora, eu teria um caminho pavimentado para aprontar uma "das minhas".

Sim, o leitor mais atento terá visto que meu texto, até então, além de causos e lembranças, foi caminhando para um lugar onde muitos questionamentos e reflexões se fazem necessários, mas que até o momento foram, no máximo, tangenciados.

Talvez eu mesmo, ao escrever o parágrafo acima, ainda me questione se esse percurso foi consciente ou inconsciente, mas culmina em não poder mais adiar o que seguirá, ainda mais espinhoso.

Não quero me arvorar em dar um cunho científico ou problematizar a heteroidentificação a partir de um lugar de fala que não possuo e jamais vou ter, mas tão simplesmente apontar uma angústia, talvez a principal, que me preocupa diante de tantos ataques ao processo, todos profundamente determinados em deslegitimar a heteroidentificação de candidatos.

Para tal, recorrerei a fontes vivenciais e a algumas leituras anteriores, desde a minha tenra infância até a própria vivência empírica universitária, a fim de dar contorno a essa angústia e, agora arduamente, sugerir um caminho epistêmico para aliviar meu tormento.

Reitero que não desejo propor qualquer solução, até mesmo porque minhas referências são brancas, vêm da branquitude, não teriam qualquer legitimidade. Porém, e talvez justamente por isso, tenham valor para chamar a atenção para o problema e para a angústia.

Retomemos brevemente o caso da jovem cuja mãe teve o processo abortivo. Entre vários questionamentos, destaco um detalhe desse causo que pode ter passado despercebido. Embora o desfecho tenha sido favorável, uma vez que a jovem foi considerada apta pela comissão recursal, quais foram os motivadores da primeira comissão para a avaliação como não apta? Que fatores levaram à reversão do resultado pela banca recursal?

Sim, entramos em um universo de subjetividades quase infinitas, tão grande quanto os fenótipos pardos existentes. É importante frisar que essa discussão sobre a parditude não é recente e tampouco será abordada aqui em profundidade, mas ela é, em grande parte, o pano de fundo da fenomenologia e angústia que pretendo me arvorar em tratar aqui.

Sem dúvida, estamos lidando com situações limítrofes, em que não está em causa a boa ou má fé de um dado candidato, mas as flutuações subjetivas, sim, das percepções dos membros das comissões de heteroidentificação.

E essas flutuações foram e são alvos constantes de ataques por parte dos patronos das causas judiciais de candidatos considerados não aptos que perderam suas vagas.

Mas, afinal, do que realmente vou tratar? Das flutuações subjetivas que, por meio da comissão recursal, "salvam" candidatos, ou das flutuações, ora reiteradas pela mesma comissão recursal, que privam o candidato de sua vaga no ensino superior? Antes de confundir mais ainda o leitor, aponto que não pretendo abordar qualquer diferença entre tais subjetividades, mas apontarei uma fenomenologia de fundo, intrínseca à universidade.

Para deflagrá-la, recorro a uma acusação grave, repetida em dezenas de iniciais — finamente construídas por patronos bem articulados no vernáculo — e em reuniões diversas, bradada por muitos candidatos considerados não aptos, assim como por seus parentes, repetidas vezes citada em manifestações à Ouvidoria Geral da UFRJ.

Essa acusação grave, via de regra, vinha alicerçada pela palavra "subjetividade" da avaliação, complementada de mordaz crítica aos também "subjetivos" arrazoados justificativos constantes dos pareceres de não apto do candidato.

Em suma, não havia hesitação por parte dos que desejavam e desejam desconstituir o processo de heteroidentificação em tentar transformar a imagem da Comissão de Heteroidentificação em um "tribunal racial". E este nome ainda pode ser amplamente observado na mídia que registra as manifestações indignadas de candidatos considerados eliminados.

Tenho a certeza de que a ideia desse ataque é a de carregá-lo com todos os sentimentos de repulsa e injustiça, obviamente evocando uma memória histórica e dantesca que não pretendemos reviver, e de tentar convencer de que ela estaria sendo reeditada, por meio de uma suposta autoridade/comissão, com o poder de escolher que cotista deve ou não ter uma vaga no ensino superior.

Os discursos retóricos e tergiversantes que se apoiam nessa ideia de tribunal racial, evocando sentimentos de repulsa e injustiça, querem, em última análise, denunciar e apontar a **dor** que a Comissão de Heteroidentificação estaria infligindo ao candidato sob a proteção de uma **autoridade**, sem que argumentos objetivos pudessem consubstanciar a não aptidão do candidato à vaga pretendida. Antes de dizer que eu já vi essa história em algum lugar, gostaria de ressaltar alguns pontos importantes que necessitam esclarecimentos reiterados.

O principal papel de uma comissão de heteroidentificação é o de mimetizar o olhar da sociedade ante um sujeito que se autodeclara preto ou pardo, com o intuito apenas de ratificar ou não sua autodeclaração, mas jamais se arvorar em definir ou classificar o dito sujeito em relação à sua raça. Assim, diante dessa característica intrínseca, a subjetividade da análise está implícita na própria constituição das comissões, as quais são necessariamente concebidas prevendo a máxima diversidade: de gênero, raça, segmento (discentes, docentes e técnicos). Portanto, a dimensão subjetiva é incontornável. Porém, a subjetividade não significa ou é sinônimo de imprecisão, mas pura e simplesmente diversidade de percepções.

Sem dúvida, há flutuações nessas percepções, cujas eventuais discrepâncias têm sido acolhidas e tratadas pelas comissões recursais. É uma constante preocupação e cuidado por parte da Câmara de Políticas Raciais garantir que as comissões recursais sejam constituídas por membros "seniores", cujas trajetórias na luta antirracista, bem como na área de atuação acadêmica e militância, sejam significativamente maduras e consistentes. É um bocado normal que membros de primeira comissão (viagem), recém-formados pelo curso de capacitação, se sintam inseguros nos primeiros processos e hesitem, eventualmente, em dar pareceres favoráveis e desfavoráveis nos casos limítrofes.

De fato, testemunhei uma situação em que uma comissão recursal trabalhou mais de trinta minutos para chegar ao parecer final de um único candidato. Sem dúvida, o caráter das comissões recursais tende, pela sua própria natureza e do processo inclusivo, a atingir o consenso "apto" na grande maioria dos casos em que situações limítrofes se apresentam. Destaco também que, ao longo do tempo, o trabalho da comissão recursal passou a possuir um papel didático considerável, sobretudo na reversão de um parecer "não apto" de uma comissão inicial. Os membros seniores sempre se predispõem a dar o devido feedback aos cursistas recém-formados.

Ora, então seria possível depreender que os argumentos enviesados e tergiversantes daqueles empenhados em fazer parecer que as comissões de heteroidentificação seriam tribunais raciais estariam, de imediato, neutralizados diante do que foi esclarecido pelos parágrafos anteriores. Infelizmente, precisarei discordar, em parte, uma vez que as tendências e fenomenologias humanas que geram tais retóricas e narrativas perigosas também se encontram representadas no seio universitário, e talvez até mais numerosas e requintadas do que as eloquentes iniciais dos advogados-patronos de candidatos não aptos.

Preocupante? Sim. Talvez pouco percebida pelos mais desatentos? Também. Mas essa fenomenologia interna tende, quase inescrutável historicamente, a se espalhar e a se instalar em velocidades lampejantes no universo acadêmico.

Aqui repito que a acusação de tribunal racial realmente não se sustenta e não deve prosperar, mas alerto para alguns sutis elementos retóricos e narrativas existentes nas construções das iniciais de certos patronos que podem ser encontrados nas dinâmicas nefastas e insistentes de nossa fenomenologia universitária. Ainda não batizei essa fenomenologia, o farei em breve.

Pelo momento, começarei pelos elementos detectáveis na construção das narrativas externas, que tentam deslegitimar as comissões de heteroidentificação, os quais me fizeram lembrar das forças e vetores universitários internos envolvidos nessa fenomenologia.

Em verdade, comecei a pensar sobre esses elementos a partir do primeiro deles. Os habilidosos patronos dos candidatos não aptos costumam apelar para o sentimento de dor e frustração de seus representados, indicando que a Comissão de Heteroidentificação apenas se limita a este papel: causar dor pela privação ao acesso à graduação, impedindo o direito constitucional à educação, sem qualquer respaldo objetivo e albergada apenas por uma autoridade autoconstituída, oriunda de nossa tão cara autonomia universitária. Agora, também elenco o segundo elemento: autoridade.

Esse binômio, **dor** e **autoridade**, começou a retornar à minha mente frequentemente, de forma *antirrecalcante*.

De algum modo, parecia que já havia escutado esse binômio em algum contexto. Não me era estranho. Ele foi perfeitamente reativado durante uma descompromissada passeada pelos títulos oferecidos em uma plataforma de streaming.

Obediência à autoridade universitária branca

AINDA QUE TARDE, MAS DEVERAS PERTINENTE, MICHAEL Almereyda dirigiu o filme *Experimenter*, sobre a obra (parte dela) e figura de Stanley Milgram (1933-1984). Não penso em adentrar na seara polêmica ou controversa de sua figura e estudos, mas tão somente em sua utilidade para ilustrar a fenomenologia que ora desejo demonstrar.

Pois bem, além do retrocitado documentário, tive breve contato com os estudos de Milgram durante o curso de psicologia, na disciplina de psicologia social e comunitária, se não me falha a memória.

Tratarei especificamente de seu experimento mais célebre, no início da década de 1960, na Universidade de Yale, nos Estados Unidos. Em suma, o desenho experimental de Milgram, psicólogo pesquisador formado nessa mesma universidade, consistia em fazer com que indivíduos do experimento aplicassem choques elétricos em outros sujeitos aprendizes a fim de verificar o efeito da punição sobre o processo de aprendizagem.[7] É importante frisar que os choques elétricos eram falsos, e os indivíduos aprendizes fingiam receber os choques punitivos por parte dos indivíduos experimentais que os aplicavam, após a ordem do pesquisador, ao detectar uma resposta incorreta. Em resumo, apenas os sujeitos experimentais que aplicavam os choques elétricos achavam que os estavam realmente aplicando, e que chegariam a mais de quatrocentos volts. Os sujeitos aprendizes, que recebiam os falsos choques, simulavam os gritos de dor em outra sala. Portanto, os aplicadores de falsos choques estavam respaldados pela ordem do pesquisador e ao abrigo do olhar dos aprendizes, estes que recebiam choques (falsos) e gradativamente mais intensos a cada nova resposta errada.

Ao final, Milgram observou que, de forma constante, os sujeitos aplicadores de choques eram altamente submissos à autoridade do pesquisador, atingindo até a voltagem máxima prevista no experimento.

Evidentemente, podemos apelar para o fato de que os aplicadores de choques seriam sujeitos com valores socioculturais que enalteciam a ciência e os estudos científicos relevantes, o que poderia atenuar ou justificar seus atos de tortura ao infligir dor nos aprendizes. Será?

---

7.   MILGRAM, Stanley. Behavioral study of obedience. *Journal of Abnormal and Social Psychology*, Washington, D.C., v. 67, n. 4, p. 371-378, 1963.

MILGRAM, Stanley. *Obedience to authority*: an experimental view. New York: Haper and Row, 1974.

De uma forma mais geral, o objetivo desse experimento era o de avaliar a obediência diante do efeito da autoridade, a capacidade de um sujeito de prejudicar outro.

Em princípio, os resultados do experimento de Milgram poderiam ajudar a compreender e a responder a razão pela qual indivíduos comuns poderiam cometer atrocidades, assassinatos, tortura e até abusos contra civis durante o Holocausto, entre outros crimes contra a humanidade. Assim, o impacto dos estudos de Milgram sobre a obediência à autoridade não somente lhe proporcionou notoriedade e prêmios, como uma série de estudos subsequentes, aprofundando e esmiuçando seus achados.

Obviamente, meu intuito aqui não é o de discorrer sobre o experimento de Milgram nem tentar tecer uma tese sobre a maldade humana, muito menos me somar aos diversos outros autores que buscam os caminhos epistemológicos que justifiquem os comportamentos humanos durante o Holocausto.

O que venho trazer à tona aqui é o fato de que uma determinada autoridade científica pode encontrar meios de causar obediência em indivíduos, e que esse tema já fora tratado e demonstrado, cientificamente, em outros tempos, e que continua a existir de forma relativamente velada no meio acadêmico-universitário.

Atentemos para um aspecto importante. Apesar de minha memória ter sido ativada pelos elementos **dor** e **obediência**, derivados das iniciais de alguns advogados de candidatos não aptos, o que acaba se manifestando e chamando a atenção nos estudos de Milgram, ao menos para mim, é um **trinômio**: **autoridade**, **obediência** e **dor**, sendo que os dois primeiros são categoricamente cruciais. Basta que autoridade e obediência operem com uma conexão funcional para que o terceiro elemento não tenha qualquer limite.

Assim, já poderíamos imaginar que, independentemente de qualquer terceiro elemento envolvido, o poder e a potência do binômio autoridade-obediência seriam quase ilimitados. Trata-se de um binômio tão vigoroso que é capaz de fazer com que um indivíduo possa, de fato, infligir choques elétricos em outro ser humano.

Desta forma, neste momento, por incrível que possa parecer, preocupo-me mais com a existência do binômio autoridade-obediência do que com a potencial dor que esteja sendo infligida. Na verdade, ao retornarmos ao universo da heteroidentificação, lembraremos (como dito nas páginas anteriores), e com facilidade, que a dor evocada e supostamente sofrida pelos candidatos não aptos não pode ser imputada ao funcionamento vigente que opera a dinâmica das comissões de heteroidentificação da UFRJ.

Muito bem, se a Câmara de Políticas Raciais, junto às comissões de heteroidentificação, constituídas a partir de membros devidamente formados em cursos de capacitação de heteroidentificação, conseguem dar conta da diversidade e subjetividade do processo avaliativo, onde estaria a ameaça representada pelo binômio autoridade-obediência?

A resposta: sim, senhores, entre os brancos e em meio à branquitude! Exemplos? Sim, senhores, eu mesmo, e é só o começo. Sem dúvida, se recordarem bem, me autoadjetivei como imposto(r).

Não foi o movimento antirracista da UFRJ que me colocou como presidente da primeira Comissão de Heteroidentificação para referendar autodeclarações de candidatos pretos e pardos às cotas raciais da graduação. Eu ocupei um lugar ilegítimo e ao mesmo tempo **obediente** a fim de controlar um determinado processo, por meio das ordens de um *pesquisador/autoridade* que esperava as boas respostas. É verdade que esse pesquisador responsável pelas ordens para infligir choques não era preto ou pardo como os membros na outra sala, onde deveriam dar as boas respostas. Estes sim, na outra sala, posso dizer que representavam os antirracistas que deveriam responder de uma determinada forma; caso contrário, sofreriam intervenções através de minhas ações de presidente.

Esse sonho utópico da branquitude não se deu. Por razões evidentemente óbvias. Mas vou destacar, pelo menos uma, provavelmente a mais óbvia de todas: os tempos de senzala talvez já tenham acabado.

A torpe tentativa de tutelar a Comissão de Heteroidentificação, a Câmara de Políticas Raciais ou mesmo o movimento antirracista sob uma representação administrativa branca e imposta(ora) não parecia ter futuro. E essa tentativa torpe e utópica não se deu uma só vez, mas em reiterados encontros e reuniões em que eu era aconselhado a promover "desidratações" e incitado a retirar o "protagonismo administrativo" da comissão e suas lideranças.

Surpreendentemente, voltando à metáfora do experimento de Milgram, apesar de alguns choques terem sido desferidos, de ambos os lados, preciso sinalizar que houve um movimento de abertura da porta da sala que nos isolava. Mas não partiu de minha iniciativa. Eu estava no lugar de suposto-obediente. A sala foi aberta pelo pessoal do outro lado. Minha sensação foi a de que a sala foi aberta com o pé na porta. E foi necessário. De outra forma, não aconteceria.

O que se sucedeu eu tentei escrever e descrever de forma desajeitada nas páginas anteriores, por meio dos causos e lembranças. Por muitas vezes, a porta foi fechada e reaberta. Foram inúmeras idas e vindas, com muitos momentos eletrizantes. Acredito que desse processo de idas e vindas um novo binômio tenha se desenvolvido: **abertura** e **desobediência**.

A abertura proporcionou, entre outros aspectos, a consecução e perenidade do procedimento de heteroidentificação na UFRJ. A minha salutar desobediência, sobretudo, proporcionou-me aprendizado e ocupação de um novo lugar — falarei dele mais adiante. Acredito poder dizer que talvez não esteja sozinho, outros colegas brancos também aprenderam muito e devem estar em outros lugares.

Ao me servir dessas mesmas metáforas, aprendi bastante sobre desobediência, sobre o que se pode ser ou fazer no lugar do branco, além do que é estar fora de seu lugar.

Como comentei anteriormente, meu exemplo de obediente aplicador de choques era só o começo.

Agora já me sinto à vontade para batizar a fenomenologia que nos acomete em cada recanto de nossos autonômicos espaços universitários. Posso chamá-la de mais um novo binômio, também derivado daquele de Milgram, mas que possui aspectos divinos: **demiurgia** e **contrição**.

Evangelho de Adjuntus I, segundo Marcellus (2019-2023)

ACREDITO QUE SE NÃO HOUVESSE EXPERIMENTADO A epifania do pé na porta, com certeza ainda estaria aprisionado na densa e quase inexpugnável rede engendrada pela demiurgia-contrição.

Decerto, o leitor não precisará se preocupar com essas palavras, mas necessito me referir a elas por pertencerem ao vocabulário das categorias divinas.

A demiurgia é a atividade principal praticada pelo demiurgo. Isso não ajuda muito, mas, entre as várias definições epistemológicas, filosóficas e religiosas, prefiro começar por uma das mais nobres. O demiurgo é aquele que trabalha em benefício do público; *demios* significa "do povo"; e *ourgos*, de *ergon*, "trabalho, trabalhador". Não sou afeito à acepção de que o demiurgo seria uma entidade do mal ou nefasta. O demiurgo também pode ser considerado um anjo, muito próximo ao Deus supremo, este sim, totalmente afastado da vida mundana. Essas características são muito úteis para ilustrar a abundância de demiurgos operando no âmbito universitário. É interessante essa imagem pois há um certo revestimento e conteúdo de modéstia embutidos no fazer demiúrgico. O demiurgo não é nem foi o responsável pela criação do

Universo em si, mas tem a função árdua e mundana de dar forma à sua matéria em estado desorganizado, sempre buscando perpetuar as essências de valor eterno, enquanto outros deuses inferiores, criados por ele, vão se dedicar, de fato, à tarefa de produzir os entes mortais.

Como é próprio do universo universitário, sobretudo balizado por sua autonomia, notamos uma genealogia intrínseca que permite retraçar a elevação de determinados entes mortais ao nível de demiurgo, o que tampouco elimina o surgimento espontâneo do demiurgo por meio da autodeterminação, via epifania, ou outro mecanismo anímico-empírico que o valide.

Com relação à genealogia, podemos evocar a imagem, com razoável correspondência, da sequência dos sacramentos católicos. Relembrando: 1) Batismo; 2) Confirmação; 3) Penitência; 4) Eucaristia; 5) Ordem; 6) Matrimônio e 7) Unção dos enfermos. No âmbito universitário existem aqueles que guardam certo grau de equivalência, a saber: 1) Matrícula na graduação; 2) Iniciação científica; 3) Matrícula no mestrado; 4) Confirmação de defesa de mestrado; 5) Matrícula no doutorado e 6) Confirmação de defesa de doutorado.

É digno notar que os sacramentos universitários carecem de um equivalente à Unção dos enfermos. De fato, ela não é sequer necessária, uma vez que ao atingir e completar o sexto sacramento universitário, o ente mortal é elevado à categoria demiúrgica e, por sua própria definição, ganha signo perpétuo, tanto para si como para as essências às quais deve garantir o valor eterno.

É fato que, para determinados entes mortais elevados à categoria de demiurgo, há uma complementação do sentimento perpétuo com um sentimento oceânico ao sagrarem-se servidores públicos federais, o que em si é apenas mais uma redundância do próprio termo demiurgo que já o define.

Faço uma pausa para que o leitor não se deixe levar por esses exemplos e acreditar que exista algum viés religioso específico em meus arrazoados ou alguma fé inabalável que garanta minha existência. No máximo, posso afirmar meu diletantismo pelas mensagens constantes dos Evangelhos, a partir das quais, via de regra, consigo atualizar e tirar valor de múltiplos acontecimentos contemporâneos.

É verdade também que eu mesmo, ao ter experimentado e concluído os sacramentos universitários, inclusive a consagração pela unção no serviço público, sofri de pirexia acadêmica por muito tempo, e me imaginei demiurgo nos fazeres da fotobiologia e da reparação de DNA, tendo formado alguns entes mortais na minha fé laboratorial. Via de regra, como a maioria das febres, elas passam. Porém, algumas delas também podem deixar sequelas, como a desobediência.

Enfim, o verdadeiro Demiurgo-Universitário só existe e se manifesta na presença da sua maior criação, a que lhe sustenta e é razão de seu fazer: o contrito, o ente em contrição.

Para tratar do contrito, caminharemos um pouco mais no terreno das reflexões sobre o demiurgo, seu criador. O período de reflexões que me levou a propor a imagem do demiurgo foi relativamente longo, mas a velocidade com que vislumbrei a sua parceria com a contrição foi quase instantânea.

Em minhas breves pesquisas sobre os ecos do experimento de Milgram em solo brasileiro, tive a oportunidade de ler um elegante artigo[8] em que foi realizada uma análise bastante conspícua sobre a dimensão da obediência estudada pelo experimento do professor de Yale. Em seu ensaio, a autora não somente identificou uma dimensão de responsabilização moral do indivíduo, articulando reflexões de Hannah Arendt e Anthony Giddens, como também postulou um deslocamento do eixo da categoria da obediência para a categoria do **consentimento** nos modos de vida da Modernidade.

Sim, pode parecer óbvio que haja uma dimensão de consentimento moral por parte do sujeito que recebe ordens para aplicar choques. Ele tem sempre a opção de dizer não. Mas, curiosamente, Milgram verificou que seus sujeitos experimentais, invariavelmente, não somente acatavam as ordens, como chegavam a aplicar a voltagem máxima de choques ante as repetidas respostas erradas dos aprendizes. O que então justificaria o constante consentimento?

---

8. DAHIA, Sandra Leal de Melo. Da obediência ao consentimento: reflexões sobre o experimento de Milgram à luz das instituições modernas. *Sociedade e Estado*, Brasília, DF, v. 30, n. 1, p. 225-241, 2015. Disponível em: https://periodicos.unb.br/index.php/sociedade/article/view/5959/5399. Acessado em: 14 dez. 2024.

Sobre esses achados de Milgram, o referido artigo chegou a uma conclusão bastante importante e de gravidade equivalente. Ele aponta que a Modernidade teria inaugurado a confiança em sistemas peritos, revelando uma subjugação do homem comum e leigo, que se vê cada vez mais exposto aos saberes especializados, nas mais diversas áreas de conhecimentos sobre a vida. Ainda, tal subjugação implica o consentimento do sujeito, fruto de sua própria escolha por um particular estilo de vida, em que o saber perito se apresenta como a única possibilidade viável para se lidar com as inseguranças humanas.

Ou seja, aparentemente, a escolha do sujeito pela obediência e consentimento às ordens parece ser a única saída viável para se viver e tirar valor, a fim de se encontrar soluções de problemas e das próprias inseguranças da vida. Essa escolha se dá, também, por uma provável superexposição aos múltiplos conhecimentos que já não poderiam ser interpretados ou mesmo devidamente entendidos, de tão complexos e especializados, sendo mais fácil assentir e confiar no comando dos peritos. Também podemos conjecturar que, em sua grande maioria, os ditos peritos foram e são pertencentes ao universo da branquitude.

Avancemos para a pergunta: o contrito-universitário seria todo aquele que teria optado pela escolha de um estilo de vida no qual o saber perito-demiurgo poderia assumir o lugar de ordenador do mundo?

Resumindo, podemos depreender dessa pergunta que o contrito-universitário poderia agrupar, ao mesmo tempo, as categorias da obediência e consentimento. Também, é importante destacar o requinte da fenomenologia demiurgo-contrita. Ela prevê a eventual ascensão da condição de contrito a demiurgo, quando a condição de aprendiz se dá pelos ritos de passagem e consecução dos sacramentos universitários, ora ocupados, também, pela ampla maioria branca.

A condição do contrito-universitário não é apenas de obediência e consentimento, ela é bem mais elevada. Assoberbado pelas vicissitudes da vida, sem saídas diante de tantas escolhas e conhecimentos ininterpretáveis, o encontro com o Demiurgo-Universitário é libertador. Além de acudir e dar respostas para todas as suas escolhas, ele promete uma salvação peculiar ao final da jornada: a própria ascensão à sua imagem e semelhança.

A condição do contrito-universitário não se trata de uma mera submissão na forma de obediência, consentimento e arrependimento por pecados cometidos ou pela ofensa ao Demiurgo-Universitário, mas uma devoção, na forma de amor e gratidão, ao ser divino que Ele representa.

Em termos mais cotidianos podemos falar de uma praticidade do tipo "deixa a vida me levar", sendo que a vida que esse alguém vive é levada por Outro.

Meu alerta pode parecer precoce ou exagerado, mas já se pode observar a chegada de alguns demiurgos brancos no mundo dos antirracistas e heteroidentificadores com seus discursos peritos, trazendo as soluções mais acertadas e brilhantes para todas as discussões acadêmicas e administrativas envolvendo as cotas raciais.

De forma inocente, seria possível imaginar que o movimento antirracista e a própria Comissão de Heteroidentificação estariam ao abrigo da capilarização do movimento Moderno-Demiurgo-Branco-Universitário. Mas é fácil entender que, em uma universidade na qual o contingente de servidores técnicos e docentes ainda é de maioria branca, as forças predominantes e vetores de poder se articulem para manter a supremacia de controle em mãos brancas.

Além disso, não se deve desprezar a dimensão da fonte de potenciais contritos (de qualquer cor!) que os ingressantes da graduação representam a cada ano. Cooptá-los logo no início da vida universitária é a garantia de um inesgotável exército de contritos.

Entendamos, também, que não estou tratando de denunciar todos os brancos envolvidos com a academia, com as políticas antirracistas e com a Comissão de Heteroidentificação, muito menos afirmando que todos devam ser banidos. É notória e notável a contribuição de muitos grupos de pesquisa coordenados por brancas e brancos acerca das questões raciais no âmbito da educação de nível superior, sobretudo dentro da UFRJ. São grupos sérios e engajados. Estes não são os demiurgos que caracterizei. Não há tantos demiurgos brancos na nossa Ilha do Fundão, não se trata de uma ilha *huxleyiana* de alfas. Lembrando da obra, sabemos que, se os deixarmos sozinhos em uma ilha, acabam todos se matando.

Vida longa e próspera à SGAADA

FELIZMENTE, AINDA QUE A SOLUÇÃO NÃO SEJA definitiva, o movimento antirracista logrou mais uma pequena-grande vitória ao final da gestão de Denise e Fred. Naquele momento, Fred já atuava como vice-reitor em exercício da Reitoria da UFRJ quando Denise fora convidada a assumir a Secretaria de Ensino Superior (Sesu) no MEC, em janeiro de 2023. A referida pequena-grande vitória foi a aprovação da criação da Superintendência-Geral de Ações Afirmativas, Diversidade e Acessibilidade (SGAADA), aprovada por unanimidade na sessão especial do Conselho Universitário, em 22 de maio de 2023. Merecidamente, essa superintendência foi colocada sob a batuta de Denise Góes. Naquele dia, recordo-me que estava presente no Egrégio Conselho. Minha fala foi para parabenizá-la pela conquista e lembrar também que, entre o primeiro semestre de 2020 e o primeiro semestre de 2023, tinham sido heteroidentificados mais de treze mil candidatos em um universo de cerca de trinta e cinco mil ingressantes na UFRJ.

A pequena vitória é relativa à vulnerável posição da superintendência, uma vez que não necessariamente deve ser negra de forma perene. Essa superintendência também acumula as atribuições relativas às ações de diversidade e acessibilidade, o que poderá ensejar a mudança de uma superintendência negra para uma branca.

Ainda que possa parecer polêmico e enviesado em favor da causa racial, meu último parágrafo aponta apenas para a necessidade de haver lugar e protagonismo para todas as pautas, sem favorecimentos. Por isso justifico a pequena vitória, pois apesar do aparente viés na forma de uma superintendência negra, ela não pressupõe perenidade, mas um alerta para a luta contínua em prol de sua evolução e garantia de representação de todos os demais relativos à diversidade e acessibilidade.

Em outras palavras, o jogo não está ganho. O erro do imposto(r) não deve ser repetido ou mesmo vislumbrado outra vez.

Tenho a certeza de que a atual superintendente, bem como muitos de seus companheiros de luta que a apoiam na SGAADA, já vislumbraram e conhecem de trás para frente minhas inferências e interpretações *naive*; e o papel e cuidado que devem ter para manutenção e continuação das conquistas no âmbito das políticas antirracistas.

Se a leitora e o leitor agora esperam que eu descreva alguma receita de unguento, feitiço ou poção contra demiurgos alfa, lamento decepcioná-la(o). Infelizmente não os aprendi no curso de farmácia. Acredito que, talvez, o melhor caminho seja o da prevenção, por meio da vacinação com boas e constantes leituras, e manter-se afastado dos vetores transmissores. Lamentavelmente, como muitas das arboviroses e parasitoses brasileiras, algumas pragas são difíceis de erradicar.

Sugestões dadas, poderemos passar a reflexões mais otimistas, para as quais também dediquei tempo considerável e sobre as quais o trinômio recordar, repetir e elaborar foi bastante oportuno.

Quando o seu racismo bate à porta: a análise de uma nota só

JÁ COMENTEI SOBRE MEU DILETANTISMO NA PSICANÁLISE e uma de suas técnicas valorosas para a confecção deste manuscrito. Agora, evoco uma das bases do funcionamento terapêutico, que se dá quando um paciente relata suas experiências, memórias, sentimentos e emoções, de forma repetida, para seu analista. O cerne é a repetição, às vezes à exaustão, que vem sempre revestida de pequenas nuanças que são diferentes a cada evento. Em outras palavras: quem conta um conto aumenta um ponto. Também pode ser um ponto a menos. O importante é destacar as sutis diferenças que emergem a cada repetição. E, a cada sutil repetição, abre-se cada vez mais um pouco a porta que dá acesso à elaboração, retificação subjetiva e à tão aguardada mudança, em que dor e angústia são ressignificadas e a vida pode se tornar melhor, ou não...

Foi nesse sentido que os repetidos eventos de heteroidentificação atuaram sobre meu psiquismo. Ainda que pudesse recordar de cada chamada, repetir mentalmente todos os procedimentos, recordar de todos os aptos, não aptos, faltosos, eliminados e tensões, cada vez que o fizesse, reviveria o momento de uma forma sutilmente diferente. Decerto, essas vivências acumuladas iriam produzir efeitos de elaboração e, à sua vez, influenciar outras repetições sistemáticas e automáticas de minha vida.

De forma adicional, a leitora e o leitor mais acostumados com o exercício psicanalítico, ou praticantes da terapia, entenderão também que o que ocorre em um *setting* analítico reverbera do mesmo modo fora dele e, consequentemente, pode ser considerado análise mesmo fora das quatro paredes de um consultório. A análise continua mesmo depois de ter se deixado o consultório.

Ainda, acrescento ao caldeirão mais um ingrediente ao evocar uma forte característica do inconsciente freudiano: a sua atemporalidade. De forma semelhante, restará fácil para a leitora ou o leitor entender que diversos eventos ocorridos no presente momento podem atualizar memórias, sentimentos, emoções de tempos antanhos.

Todos esses elementos juntos, então, me permitem convidar a leitora e o leitor brancos a compartilhar uma imagem alegórica. A de considerar que a experiência de atuar como membro de uma comissão de heteroidentificação seja como estar deitado em um divã, mas ao contrário de poder falar de qualquer tema, livremente, deverá dedicar toda a sua associação livre a um único assunto: seu racismo. Trata-se de uma terapia focal, em que tudo o que o cerca versa sobre sua vida atual, passada e futura, sempre em torno de seu racismo. É inexpugnável. E quanto mais tenso e preocupado se estiver em parecer politicamente correto, pior, pois qualquer tentativa de parecer não racista será percebida e, dependendo do analista que o observe naquele momento, será devidamente apontada na forma de uma intervenção, mais ou menos dura.

Assim, se a leitora e o leitor branco quiserem se divertir no futuro fazendo um curso de capacitação em heteroidentificação, seguido da participação em uma comissão de heteroidentificação, garanto que a sua sensação não será de diversão.

Alguns de nós, brancas e brancos, não sobreviveram a um ou dois dias de heteroidentificação. Não voltam. Isso talvez explique o porquê de tantas dificuldades em conseguir voluntários brancos para integrar as bancas de heteroidentificação; particularmente homens brancos. Bom, mas essa é uma longa discussão, talvez para outro livro.

Mas aqui, ao contrário de uma solução para os demiurgos, tenho uma possível proposta de percurso para os brancos e brancas que desejarem participar da aventura, só de ida, de um procedimento de heteroidentificação.

Para começo de conversa, reitero que se trata de uma jornada de ida, não tem volta, tal como no processo psicanalítico. Uma vez em análise, o sujeito branco que desejar passar por seu processo "heteroidentificador" jamais retornará para seu lugar de origem.

A receita é relativamente simples. Seja você mesmo(a), seja racista, invoque seus demônios e os convide para o divã. Não procure ser o que não é. Mas não vá embora. Aguente um pouco, talvez bastante. Em silêncio ou falando. Às vezes, os momentos serão inefáveis. Muitas vezes o enjoo sentido durante o curso de capacitação é apenas um soluço comparado ao que será necessário vomitar em um procedimento de heteroidentificação.

Portanto, esse convite não deve ser tomado de forma simplista, mas se de fato, ao aceitá-lo, pretende-se chegar a algum lugar diferente.

Diante desse convite, sinto obrigação de compartilhar algumas passagens de meu processo, de seus efeitos e para que lugar fui transportado, ou melhor, me transportei.

Obviamente, uma das primeiras perguntas que o incauto branco se pergunta é se ele é racista. A resposta é sempre óbvia: claro que não! Isso é automático. E é até previsível, uma vez que terá todo o respaldo para dizer que não o é, e irá afirmar que até participou de uma comissão de heteroidentificação e fez vários amigos pretos e pardos na ocasião.

Ledo engano. Outro.

O mais fácil, talvez, seja averiguar como foi a sua construção racista. Nesse sentido, continuo a compartilhar meu próprio processo, e retorno à Gigi. Apesar de não ser simples, nem pouco doloroso, reativar algumas memórias da infância e de anos subsequentes, estas podem ajudar a compreender como o processo de construção racista é precoce e imune à aquisição dos mais diversos conhecimentos, os quais também restam absolutamente inócuos para despertar qualquer sensação de desconforto ou discordância no sujeito que está sendo moldado, bem como naqueles que o estão moldando.

Quando começa a forja de um jovem racista?

TRATO INTUITIVAMENTE DE RETROCEDER À INFÂNCIA pela crença de que justamente nesse período, no qual o bebê começa seu desenvolvimento corporal e psíquico, é o melhor momento para se começar a forjar qualquer personalidade, inclusive uma racista.

É certo, também, que essa intuição de retornar à infância foi fruto de uma das diversas reativações de memória provocadas quando do curso de capacitação em heteroidentificação. Em particular, durante as aulas práticas, em que voluntários se apresentavam para que nós, cursistas, pudéssemos exercitar o procedimento, fui atravessado por muitos rostos e sinais que me fizeram lembrar de Gigi. Nessas mesmas ocasiões, em que era transportado à infância e exposto a todos os elementos que demonstravam meu racismo e universo de privilégios, recorri às lembranças mais recentes do curso de psicologia que ajudariam a entender minha forja, a dormência e a indiferença ao longo de tantos anos imerso em meu racismo denegado.

Em certa aula prática do curso, fui catapultado a outra aula de teóricos do desenvolvimento infantil do curso de psicologia. Na primeira, éramos orientados a visualizar e a integrar as imagens de nariz, boca, olhos, cabelos e cor da pele a fim de encontrarmos os sinais negroides que permitiriam considerar apto um determinado candidato. A segunda rememorava os conceitos e observações de René Spitz (1887-1974) quando estudou e investigou o desenvolvimento do bebê no seu primeiro ano de vida, suas relações objetais e, em particular, a relação mãe-bebê.

Em uma de suas principais obras, Spitz propõe o conceito de organizadores do psiquismo, cuja inspiração tomou emprestada da embriologia.[9]

Para Spitz, o desenvolvimento do bebê em seu primeiro ano de vida não se dá de modo uniforme ou regular, mas sim em estágios sucessivos, repetidos, e com mudanças cada vez mais elaboradas. Tais mudanças corresponderiam a reorganizações do psiquismo, que são seguidas de novos aspectos e capacidades da personalidade. Cada um desses estágios traduz uma transição de um dado nível de desenvolvimento para o nível imediatamente superior, acompanhados de diferenciações cada vez mais complexas.

De forma breve, o que mais me chamou a atenção foi o encadeamento dos organizadores e como, na transição entre eles, há o espaço, o tempo e a oportunidade

---

9. SPITZ, René. *O primeiro ano de vida:* um estudo psicanalítico do desenvolvimento normal e anômalo das relações objetais. 3. ed. São Paulo: Martins Fontes, 2004.

para que um determinado viés possa se instaurar nas percepções psíquicas e comportamentos de um bebê.

    Segundo o mesmo autor, o primeiro momento de desenvolvimento do bebê se inicia no nascimento e vai até cerca do seu terceiro mês de vida, quando predomina, em essência, uma indiferenciação entre o seu corpo e o psiquismo, ou mesmo entre os estímulos externos e suas respostas. Em torno desse terceiro mês, com variações para mais ou menos, há uma mudança no cenário e o bebê passa a expressar uma resposta particular quando apresentamos um rosto diante dele: o sorriso. Spitz preconiza que o bebê, nesse período, não responde a uma pessoa em particular, uma vez que sua resposta não é restrita a um ou a outro indivíduo (como a mãe). O sorriso sempre será expresso, não importando o indivíduo que seja apresentado ao bebê, se homem, mulher, branco(a) ou negro(a),[10] bastando que se preencham as condições exigidas pela Gestalt (forma) privilegiada, que dispara a resposta de sorriso por parte do bebê. Essa Gestalt consiste, basicamente, na integração de um sinal representado pelos dois olhos, nariz e testa do indivíduo em movimento. Curiosamente, se o rosto apresentado estiver de perfil, o bebê deixa de sorrir, indicando que o bebê de três meses ainda não consegue perceber o rosto humano, mas apenas o sinal gestáltico: dois olhos, nariz e testa. De acordo com os

---

10. *Ibid.* p.90.

experimentos de Spitz, o sorriso do bebê, entre três e seis meses, não é uma resposta ante um rosto de um ser humano, mas ante um indicador gestáltico, uma Gestalt-sinal.

Mais tarde, por volta do oitavo mês de vida, também com variações para mais ou para menos, o bebê passa a manifestar um comportamento diferente. Ele já não vai sorrir quando um visitante ou estranho se apresentar, mas vai demonstrar apreensão e ansiedade em níveis variados, e o rejeitará. Basicamente, o bebê pode baixar os olhos, cobri-los com as mãos, cobrir o rosto levantando sua roupa, chorar ou gritar. Essa fenomenologia Spitz batizou de ansiedade dos oito meses.

Spitz também propõe que a ansiedade dos oito meses é significativamente distinta de um sentimento de medo, uma vez que a rejeição apresentada ao estranho é uma reação a uma pessoa com quem o bebê nunca interagiu anteriormente para que justifique desprazer. Em verdade, a hipótese mais aceita pelo autor é a de que o desprazer trazido pelo estranho e sua rejeição não esteja no fato de ser uma pessoa nova, mas na percepção de que aquele rosto estranho provoca uma resposta à ausência da mãe da criança, na forma de desprazer.

Diferentemente do bebê com três meses, quando um rosto humano é tão bom quanto outro qualquer, uma vez que o rosto representaria uma Gestalt-sinal de satisfação, na situação de um estranho se aproximar do bebê de oito meses, este fica frustrado ao perceber a ausência de sua mãe. Aqui, aos oito meses, há um confronto de percepções entre os traços de memória do rosto da mãe e aquele de um estranho, sendo reconhecido como diferente e consequentemente rejeitado.

Spitz avança e começa a acreditar que a capacidade de um bebê de oito meses em canalizar a energia mental e emocional (catexia) para uma representação (mãe) refletiria o fato de que ele conseguiu estabelecer uma relação objetal propriamente dita, e de que essa mãe, enfim, se tornou seu objeto de amor.

Muito bem, acredito que o leitor já deva estar vislumbrando aonde quero chegar com as observações, estudos e conclusões de Spitz sobre o primeiro ano de vida de um bebê.

Diante dos estudos e achados de Spitz, poderíamos assumir que até cerca de nossos três meses de existência, nós, brancos, não teríamos sequer condições anímicas de sermos racistas ou mesmo influenciados para que um processo de forja racista fosse iniciado. Entretanto, por volta de nossos oito meses, haveria tempo, espaço e condições anímicas para um cenário favorável de desenvolvimento de uma base de perceptos racistas, introduzido, apresentado e reiterado na vida de um bebê.

Sim, parece haver um problema, uma contradição entre minha proposta e minha própria experiência vivencial.

Se minha Gigi foi mãe (na mais pura catexia) antes de minha própria mãe branca, se foi minha desculpa perfeita para me autointitular não racista durante décadas, em que lugar e momento Gigi ficou para ser excluída e rejeitada, conforme o rosto estranho previsto por Spitz?

Para essa aparente contradição, uma advertência crítica de Spitz me chamou a atenção e parece explicar, na verdade, um deslocamento espaço-temporal. Ele alerta que, se alguém desejar estudar a ansiedade dos oito meses, deverá fazê-lo, sobretudo, na ausência da mãe, apenas na presença do novo rosto (sujeito). Quando as manifestações de ansiedade são brandas diante do novo rosto, bastará que a mãe esteja presente e a ansiedade será apagada, ao passo que, na ausência da mãe, ela se mostrará explicitamente.

Ora, Gigi já se encontrava trabalhando em casa antes mesmo de meu nascimento. Não foi, de fato, um rosto estranho. Jamais será. Era tão ou mais presente que o de minha própria mãe branca. Acredito, talvez, que em meus primeiros dois anos de vida, Gigi jamais tenha sido um rosto estranho ou rejeitável. Mas, depois de certo tempo, e aqui surge o aludido deslocamento espaço-temporal, Gigi começou a ser adjetivada, colocada em espaços e em tempos diferentes, e eu assistia a isso tudo como em uma aula, de forma didática e reiterada.

Gigi não residia conosco, apenas passava certo tempo, não tinha quarto, não tinha espaço, tinha outra cor, tinha outro cabelo, tinha feições parecidas, mas não era branca, tinha apenas a alma batizada de branca. Gigi foi transformada em uma estranha, em um rosto estranho. E daí em diante, em muitos outros rostos que deveriam ser considerados estranhos.

Creio que não há necessidade de adentrarmos o terceiro organizador de Spitz, a introjeção do "não", mas posso aqui apenas mencioná-lo, a fim de provocar o leitor para o seguinte questionamento: em que momento me foi dito que não, que não podia chamar minha mãe branca de Gigi e que Gigi era apenas uma criação minha, uma primeira palavra, mas que não deveria mais ser usada para me dirigir à minha mãe?

Porém, Lourdes adotou Gigi e também Marcelo. Mas o pequeno Marcelo só adotou Gigi, foi incapaz de resistir, e considerou estranhos muitos outros rostos a partir de então.

Se um bom e eficaz processo de recalcamento me impede de rememorar o momento de báscula, em que Gigi e minha mãe branca se diferenciaram didaticamente durante minha infância, hoje consigo refletir sobre alguns conceitos, ainda que de forma pueril, os quais, certamente, atuaram para ajudar a forjar um pequeno racista, em um contexto absolutamente eufemístico, de perfeita igualdade, de integração e de ausência de quaisquer preconceitos.

Pensar seu racismo com conceitos escolares e cotidianos

UM DOS PRIMEIROS ELEMENTOS DE QUE ME RECORDO é a teoria dos conjuntos que aprendemos em matemática. Nem tudo que está contido em um grupo pertence a ele. Esse já é um começo, e se reproduz regularmente até os dias de hoje, em que as empregadas/colaboradoras/secretárias estão contidas em lares aos quais não pertencem. Enquanto criança, independentemente de todo afeto construído e dirigido àquela mãe negra, a premissa da construção, os campos e lugares onde esses afetos foram vividos eram absolutamente distintos. Enquanto eu investia como contido e pertencente, ela estava apenas contida. E muito contida. São lugares totalmente distintos, mas absolutamente naturalizados como iguais.

Trata-se também de uma grande ilusão de ótica, uma distorção explicada pela física. Como quando o pescador inexperiente tenta arpoar o peixe dentro do rio. Invariavelmente, errará seu alvo, pois o peixe não está onde ele o está vendo. A luz não se propaga da mesma forma em dois meios diferentes. Portanto, pensar que o peixe está em um dado lugar não significa que realmente aquele lugar esteja ocupado. Pensar que Gigi pudesse perdurar num lugar de mãe e que pertencesse a um dado habitat favorável é um grande equívoco, uma grande distorção. O seu lugar é o do inóspito.

Talvez esses artifícios sejam até desejáveis para manter a ilusão, um alimento que nutre um discurso e que patrocina, a cada geração, a manutenção de uma crença: a de que estamos sendo natural e formalmente criados em um ambiente antirracista e inclusivo, miscigenado, sem que as distorções e ilusões sejam sequer percebidas e/ou questionadas.

Recentemente, em um encontro de ex-estudantes de ensino médio, tive a grande alegria de reencontrar queridos colegas, além de alguns professores, muitos deles responsáveis por importantes escolhas em minha vida. Na ocasião, conversando com o inesquecível e emblemático Antônio César, professor de física e responsável pelo despertar de meus interesses pela biofísica, lembrei de uma aula em que ele, enfaticamente, criticou o equívoco das placas existentes nas plataformas do recém-inaugurado metrô do Rio de Janeiro, pelos idos da década de 1980. Se não me engano, de um lado havia: direção Praça Onze, do outro: direção Glória.

Independentemente de eu estar correto ou não em relação aos nomes das primeiras estações terminais inauguradas, o problema não era esse. Tratava-se da diferença entre direção e sentido levantada pelo meu mestre. Ambas as estações estão na mesma direção: Praça Onze e Glória ou Glória e Praça Onze. Entretanto, o sentido Glória para Praça Onze é distinto do sentido Praça Onze para Glória. Estão na mesma direção, mas terminam em lugares distintos. A seguir, chegarei aonde quero, a partir de mais uma memória reativada.

Morador das Laranjeiras já há algumas décadas, não havia me atentado para certas direções, sentidos e fluxos das principais ruas do bairro. Resido próximo a uma de suas ruas mais tradicionais, pitorescas e cobiçadas pelos distintos e politicamente engajados moradores da região, palco de renomados blocos carnavalescos, feira livre, atividades musicais, entre outros. Sinceramente, jamais havia observado com atenção o fluxo circadiano que ali se impõe cotidianamente.

No início das manhãs, nessa rua, apressados homens e mulheres, ampla e majoritariamente brancos, deixam as portarias de seus edifícios, elegantemente trajados com roupas esportivas e correm, como formigas em direção ao pote de açúcar, às duas ou três principais academias de ginástica localizadas nas proximidades. Em que pese a possível percepção de sarcasmo nessas palavras por parte do leitor, destaco que a posição de observador também me inclui nesse grupo, sem tanta elegância ou mesmo pressa, mas apenas imbuído de um espírito leve (na verdade, pesado), voltado para a esperança de obter condição física saudável para a iminente melhor idade que se aproxima.

Nas mesmas manhãs, na mesma rua e direção, mas em sentido oposto, mulheres e homens, ampla e majoritariamente pardos e pretos, adentram as portarias dos mesmos edifícios.

Ao fim do dia, o fluxo se inverte, mas no lugar de mulheres e homens brancos retornando às suas portarias a pé, são frequentes os reluzentes *Sports Utility Vehicles* (SUVs) que adentram as garagens, pilotados pelas mesmas brancas e brancos da parte da manhã. Dessa forma, dia e noite o fluxo se repete em uma eterna Aliança.

Há pouco tempo, convidado por uma grande amiga, fomos dar um passeio com finalidade gulo-gastronômica em um *Sheltered Housing Of Potent-Productive Intolerance Nucleated Group* (acredito que seja a tradução do respectivo acrônimo) localizado em um bairro da zona sul do Rio de Janeiro. Há muito não me dedicava a passear ou mesmo destinar tempo às compras nesse tipo de estabelecimento. Deveras, era a primeira vez que voltava a um desses depois da pandemia da covid-19 e, sobretudo, depois de ter vivido algumas chamadas de procedimento de heteroidentificação. Acredito que as febres de ambos os eventos surtiram efeitos perenes na minha capacidade observacional. Mais uma vez, assim como no processo analítico, essas repetições culminaram em elaboração, de forma incontornável, e cada vez mais frequentes. As mesmas situações, repetidamente vividas, agora são revividas em novo contexto.

Depois de conseguir encaixar meu popular automóvel compacto entre dois SUVs em um dos diversos pisos, nos dirigimos aos populosos corredores do aludido estabelecimento.

Como a ideia do passeio era dar vazão e destino às pulsões orais mais afeitas ao também ora citado pecado capital, nos dirigimos, inicialmente, e nos somamos a uma fila branca de uma sorveteria de fachada branca, repleta, inclusive, de atendentes brancos. O calor do dia sustentava o tempo de fila e a expectativa de degustar um excelente sorvete, enquanto o preço afastava qualquer pretensão de se encher um potinho de numerosas bolas da aguardada iguaria. O ambiente, finamente decorado com móveis brancos em MDF, sugeria um ar blasé mediterrâneo, onde, no meio do salão, existia uma grande mesa branca comunitária cercada de cadeiras, quase todas ocupadas, somente por pessoas brancas. Entre elas, três cadeiras chamaram minha atenção, a saber: 1) uma vazia, onde vislumbrei a possibilidade de sugerir à minha amiga que ali se sentasse; 2) uma justo ao lado, ocupada com sacolas, provavelmente fruto do exercício de compras realizadas por um consumidor espaçoso; sobre a qual desejava me sentar em detrimento das cansadas sacolas; e 3) uma justo ao lado das sacolas e bolsas, ocupada por uma senhora branca, de volumosos cabelos cor capim-ouro (a ponto de darem inveja às copiosas madeixas de uma Íris Lettieri dos anos 1980) e cariz ornando minuciosos e regulares tratamentos com quantidades micromolares de toxina botulínica, aliado a muitas, provavelmente incontáveis, intervenções cirúrgicas.

    Uma vez tendo se dado conta de que eu e minha amiga fitávamos com cobiça a sua imperial cadeira de apoio, a agora taciturna senhora fez ouvidos moucos e quedou-se indiferente ao meu convite gestual dirigido à minha amiga que, analisando a cena, sugeriu fortemente que nós deixássemos a sorveteria, na esperança de encontrar lugares eminentemente menos belicosos.

Realmente, seria mais fácil e menos beligerante, mas eu não me aguentei. Após ter dito à minha amiga que eu iria me dirigir àquela senhora e pedir-lhe que retirasse suas sacolas para que pudéssemos nos sentar, notei que minha companheira se afastou uns dois metros, fez um gesto de passagem e disparou um: "Vai lá", em tom de "por sua conta e risco".

Fui. Ao me aproximar da senhora, dirigi-lhe a seguinte frase, em tom mais doce que todo o açúcar contido nos sorvetes que ali eram comercializados: "Boa tarde, senhora. Peço desculpas por incomodá-la durante a degustação de seu sorvete; porém, notei que não há assentos suficientes no ambiente para que todos nós possamos nos sentar. Seria inoportuno de minha parte lhe pedir que liberasse o assento ao seu lado para que eu e minha companheira pudéssemos nos acomodar?".

Ao escutar minha frase, a senhora engoliu em seco, virou-se em minha direção, olhou-me de cima a baixo, e, com um gesto resoluto, retirou as sacolas da cadeira e as colocou no chão ao seu lado. Resumo dessa forma pois as únicas coisas que se moveram no seu semblante foram suas pupilas, inicialmente em midríase, como um predador aumentando a visão de sua presa, seguida de miose, como que ofuscada, e com raiva, pela decepção de sua frustrada análise predadora.

A sensação que tive é a de que aquela senhora estava indignada comigo pois eu, seu potencial e fiel semelhante branco, havia cometido um crime capital, inafiançável, ao lhe recordar que os tempos imperiais tinham acabado, e que, mesmo com eventuais luxuriantes recursos financeiros, seria impossível manter os saudosos privilégios de outrora.

Ao deixarmos a sorveteria, minha amiga imediatamente comentou seu desconforto e anunciou que, talvez, algo semelhante aconteceria no próximo estabelecimento, agora dedicado à venda de chocolates. Apesar de uma decoração tropical, o ambiente de requinte, dado pelo layout dos produtos e vestimenta/postura dos vendedores, produzia um ar inibitório tal que eles pareciam não desejar clientes, nenhum!

Confirmamos a suspeita quando, constrangida, minha companheira solicitou provas disponíveis dos chocolates ali ofertados. Adicionalmente, ainda incomodada com o constrangimento, ousou indagar um dos vendedores a respeito de um comentário/testemunho de uma amiga preta que nunca havia entrado naquela loja por justamente se sentir intimidada.

Antes de abordar a resposta do vendedor, passo a explicar o constrangimento de minha companheira. A postura dos vendedores é tal que, apesar da existência de provas, a ideia é deixar qualquer visitante obrigado e constrangido a comprar caso prove um ou outro chocolate.

Voltando, a resposta do vendedor não procurou demover ou atenuar qualquer percepção da amiga preta de minha companheira, mas se comprometeu apenas a, em tom de palestra memorizada, ressaltar as qualidades da produção sustentável, embalagens recicláveis, ajuda às famílias produtoras do cacau que dava origem aquele inigualável chocolate, cujos valores não inibiam totalmente a entrada de pessoas na loja, mas efetivamente a compra dele.

Enfim, após uma dose elitizada de marketing achocolatadamente nauseante, fomos a uma também requintada loja de cápsulas que contêm café. Esta estava repleta de vendedores pretos e pardos, assim como clientes majoritariamente brancos. De forma semelhante, as provas de café eram estrategicamente oferecidas com o intuito de constranger o visitante à compra.

Admito, apesar da forma caricatural e pueril pela qual decidi dar vazão às minhas e muitas outras vivências, em que reeditamos diversas situações de privilégios brancos e racistas, que minha única intenção é a de demonstrar a obviedade dessas ocorrências e a naturalidade com que são vividas, em silêncio tácito, sem qualquer tipo de desconforto, dúvida ou questionamento.

Também, essas ocorrências cotidianas e óbvias constituem farto material para complementar as discussões sobre casos limítrofes em bancas de heteroidentificação. Podemos, apenas, simular mentalmente a presença do candidato pardo nesses espaços, fluxos, direções e logo, então, nos darmos conta de que, invariavelmente, ele sofre racismo.

O leitor terá notado, também, que meus exemplos ficaram no campo das ocorrências, lugares, fluxos, direções, mas que me esquivei do campo da linguística, por exemplo, e não resgatei as centenas de palavras e expressões que utilizamos no cotidiano, cujas etimologias são bastante eficazes em reiterar a condição inferior negra.

Realmente, tenho a certeza de que muitos(as) leitores(as) brancas e brancos terão experimentado um reconhecimento solidário, do tipo: "Eu também notei isso tudo, já me dei conta disso, é verdade, não há novidade alguma nesses exemplos". Pois é, de fato, concordo com esse e todos os demais testemunhos pseudoatenuantes. Eles fazem eco e reiteram sempre o mesmo discurso atenuador, em que o reconhecimento da situação cria uma espécie de autoindulgência, na qual o reconhecimento de culpa gera tanto a inocência instantânea como a permissão para continuar a repetição de todas as cenas e situações outrora vividas. Em outras palavras: "Eu sei do que se trata, mas sempre foi assim". Há, nesse comportamento, um antirracismo de oportunidade, midiático, indulgente e repetidor do próprio racismo em si. Tempos modernos, peritos modernos, de ocasião e politicamente corretos.

Na qualidade de criatura e criador de racismo, ao longo desses muitos anos, venho falar agora, ao final, do lugar para onde me transportei. Precisei criá-lo pois, durante todo o período no qual participei do curso de capacitação em heteroidentificação e das diversas chamadas de heteroidentificação, pensei que poderia retornar para meu lugar de origem, para me juntar aos autoindulgentes companheiros do parágrafo anterior. Ledo engano, mais um. Não sou mais benquisto entre meus politicamente corretos colegas brancos. Para eles, há algo de suspeito; para eles, eu já poderia parar de fingir. Mas há algo de errado.

De fato, me transportei para cá, criei essas páginas para poder encontrar algum espaço, ainda que solitário, mas com a esperança de que amigos e colegas, negras, negros, brancas e brancos, também possam encontrar os seus, os nossos, o nosso.

Termino por aqui. Se me perguntarem se gostei: gostei? Mas não quero mais.

POSFÁCIO

PERDÃO. AQUI FORMALIZO MEU PEDIDO DE PERDÃO a todas as negras e negros, à Câmara de Políticas Raciais, enfim, a todos que sofreram com minha inaceitável posição ao longo do processo de implantação da heteroidentificação na UFRJ. Também peço perdão pela tão tardia autopercepção de racista. Ao mesmo tempo, agradeço à senhora Denise Francisco Góes pela inesgotável paciência e força para conduzir todo esse processo, não somente pela capacidade de liderar um movimento tão longo e árduo, mas pela habilidade ímpar em transformar a branquitude. De ter sido capaz de transformar sua voz outrora tensa e crocitante em um sorriso de menina que acabou de ganhar um grande presente. Um presente de vida, e de ainda ser capaz de brindar esse sorriso a cada branca e branco que, entreolhares, sabem o que viveram com e ao lado dela. Peço teu perdão e te agradeço. Em tempo, Denise Góes, obrigado por me considerar "uma grata surpresa".

Também estou perfeitamente consciente de que o presente conquistado por Denise ainda é pouco, pequeno, ainda há muito trabalho antirracista pela frente. Esse trabalho precisará, certamente, de brancas e brancos ao seu lado. Essa afirmativa pode não parecer óbvia, mas alerto que fomos nós que inventamos e perpetuamos o racismo. Precisaremos parar de ensiná-lo e de reproduzi-lo. Não há como escapar desse caminho. Nunca foi, é ou será fácil, mas acredito que brancas e brancos tenham salvação.

AGRADECIMENTOS

AOS ESPECIAIS E PACIENTES COLEGAS E ESTUDANTES DA Câmara de Políticas Raciais. Aos indefectíveis companheiros da Pró-Reitoria de Graduação, particularmente aos inesquecíveis, eternos e apostólicos membros do Sextou IgG$^+$: Antonieta, Bruno, Daniela, Joaquim, Ricardo e Storino. Às queridas Lúcia Lippi e Marta Bolshaw, pelas oportunas e agalhudas sugestões. À Érica Rezende, pela cuidadosa e carinhosa revisão. À minha prima Jade Medeiros, pelo cuidadoso olhar, letramento e fundamentais conversas. À Renata Burstok, pelos ouvidos de veludo. A todos que me ajudaram e me convocaram a encontrar este lugar.

FONTE Akhand e Minion Pro
PAPEL Pólen Natural 80g/m²
IMPRESSÃO Paym